Werner Raith

Addio, bella Italia

Wandel im Land unserer Träume

KNESEBECK

CIP-Titelaufnahme der Deutschen Bibliothek
Raith, Werner:
Addio, bella Italia: Wandel im Land
unserer Träume / Werner Raith. –
München: Knesebeck, 1992
ISBN 3-926901-53-5

Umschlag: Zembsch' Werkstatt, München
Umschlagfoto: Eduard Dietl, München
Herstellung: Heidi Kitz, München
Satz: Utesch Satztechnik GmbH, Hamburg
Druck und Bindung: Pustet, Regensburg
Printed in Germany

Inhalt

Addio. Addio?

Bella Italia – addio. Hinter alle drei Worte gehört eigentlich ein Fragezeichen.

Nicht, daß wir uns verkrümeln wollen. Oder daß uns das Land abschreckt oder hinauswirft. Nein – *addio,* weil im Land südlich des Brenner so vieles verschwindet, was den Deutschen und anderen (auch den Italienern, die sich Illusionen machen) als unverzichtbares Element mediterranen Lebensgefühls gilt. Es sind Veränderungen, die im Gegensatz zu früher vielfach den Eindruck der Unwiderruflichkeit machen. Aber Italien hat auch oft genug bewiesen, welch enorme Fähigkeit zur Regeneration es hat.

Jenes Land, das laut Karte vom Brenner bis nach Syrakus reicht, ist in Auflösung begriffen. Was Garibaldis Freischärler und Mazzinis Diplomatie im vorigen Jahrhundert einten, läßt sich schon seit Jahren nicht mehr zusammenhalten.

Nach dem Zweiten Weltkrieg gab es in Sizilien eine Separatistenbewegung, getragen von Großgrundbesitzern und Mafiosi – doch die war kein großes Problem: den Baronen und den Dunkelmännern ging es nur darum, mehr Geld aus Rom herauszuschlagen und bei ihren illegalen Geschäften nicht behelligt zu werden. Die meist aus der armen Dorfbevölkerung rekrutierten Banden wollten für ihre Familie wenigstens das Notwendigste zum Überleben. Mit einem Autonomiestatut für die Insel und der Überweisung beträchtlicher Summen, die dann Mafia-Clans kassierten, war das abgetan, die führenden Köpfe wurden beseitigt oder in die Regierung integriert. Doch nun steht den Italienern eine andere Sezessionsbewegung ins Haus – und sie kommt nicht aus den Elendsquartieren und den unterentwickelten Regionen, sondern von dort, wo das Geld sitzt: aus Mailand, aus Turin, aus dem Veneto, der Emilia Romagna, aus Ligurien. Die wirtschafts- und finanzstarken Regionen haben erkannt, daß das Wachstum des Wohlstands stagniert, und wollen sich des Klotzes am Bein entledigen, als den sie Sizilien und Unteritalien mit ihren ewigen finanziellen Defiziten, ihre Strukturschwäche und dem fehlenden absatzträchtigen Hinterland ansehen.

Auch wenn das nicht unbedingt eine totale Auflösung des Staates wie in der Sowjetunion oder einen Bürgerkrieg wie in Jugoslawien bedeuten muß (wobei gewalttätige Auseinandersetzungen durchaus zu erwarten sind), wird so in Bälde ein völlig anderes Italien entstehen: ökonomisch wie kulturell aufgeteilt in die Herrscherregion im Norden und das Land der Zurückgebliebenen im Süden. Rom als Zentrale hat schon heute weitgehend ausgespielt: die großen Entscheidungen treffen die multinationale Industrie und die Finanz im Norden. Der Süden steht als Symbol für Schattenwirtschaft und dunkle Parallelmächte wie Mafia und Camorra. Was aus einem solchen antizentralistischen Gebilde gerade angesichts europäischer Einigungstendenzen werden kann und soll – niemand weiß es.

Bella Italia: jenes Land, das Goethe als »Arkadien« bezeichnete und in dem er ein ums andere Mal »den schönsten Platz der Welt« fand: dieses herrliche Italien ist von völligem Verschwinden all dessen, was es so faszinierend machte, bedroht. Die einst wundervollen Strände kaputtgemacht von den Touristenschwärmen (und nicht von den Einheimischen, auch wenn das die Fremdenverkehrsmanager immer behaupten), das Wasser durch Überdüngung der Felder und mangelnde Kanalisation verseucht, die architektonischen Schönheiten vom sauren Regen und vom Smog zerfressen. Und dann die archäologischen und kunstgeschichtlichen Schätze: Spätestens 1993, mit der Beseitigung der Grenzen, wird der schon vorhandene Schwund in eine totale Plünderung ausarten. Ganze Dörfer sind bereits heute an ausländische Tourismusgesellschaften verkauft, und was sich abtragen läßt, wird von professionellen Kultur-Räubern im Auftrag reicher Japaner und Amerikaner, von Gangsterbossen und eitlen Politikern für deren Salons und Lustgärten geklaut. Das »grenzenlose Europa« führt in Italien zur völlig ungenierten Spekulation mit den verbliebenen Schätzen. Der Normalbürger und -besucher muß »Italien« dann im Museum in Berlin oder Tokio suchen – und was geblieben ist, kann er allenfalls noch für teures Geld sehen.

Die Vandalen, die Goten, die Franken, die Hunnen, die Slawen, die Spanier, die Franzosen, die Österreicher – auch sie haben einst Italien zerstört und ausgeraubt. Aber sie haben immerhin die Ruinen übriggelassen. Derzeit ist die Welt dabei, auch noch die Ruinen abzutransportieren.

Zerstört auch die Gastronomie durch den Zwang zur Anpassung an ausländische Gepflogenheiten, die Mode, heruntergedrückt auf phantasieloses europäisches Niveau, zerrissen das soziale Netz, das noch bis vor kurzem das Überleben der Menschen auch ohne Sozialversicherung und Altersvorsorge garantierte. Kaputt der Mittelstand, der das Wirtschaftswunder der sechziger Jahre ermöglichte. Am Boden auch die gesellschaftlichen Kräfte, die das Land im Gleichgewicht hielten, die Gewerkschaften ebenso wie die großen Familienunternehmen, drei oder vier Weltkonzerne ausgenommen; aber auch sie haben schwer zu kämpfen, weil zur Expansion ins Ausland die Kräfte im letzten Moment meist nicht mehr reichen.

Ein Land also, das man eiligst verlassen sollte, bevor es ganz und gar untergeht?

Vielleicht gerade um der eben beschriebenen Vorgänge willen nicht. Weniger, weil ich mir einbilde, hier noch etwas retten zu können. Vielmehr um vielleicht doch ein wenig von dem zu bewahren, was noch vorhanden ist von jener *bella Italia,* die seit dem Altertum das Wunsch- und Traumland des Nordens und des Ostens war. Und um Visionen darüber zu entwickeln, was sich einst wieder erneuern könnte, vielleicht auf anderem Niveau, unter anderen Umständen, in anderer Form.

Schließlich ist es ja nicht das erstemal, daß das Land scheinbar ins Chaos versinkt, in die Bedeutungslosigkeit. Als sich im Altertum das wirtschaftliche Leben vom ausgeplünderten Westen in den Osten verlagerte, nach Konstantinopel, schien das Ende Roms gekommen; im Mittelalter zählte die einstige Millionenstadt kaum mehr 20000 Einwohner, während Ost-Rom – Konstantinopel – noch Kraft für fast ein Jahrtausend hatte. Doch aus den Ruinen des zerfallenen Imperiums wurde durch die Franken und Salier, die Staufer und Welfen die Kultur des Mittelalters, entwickelte sich vom 13. bis zum 15. Jahrhundert in Florenz, Venedig und auch in Rom der Humanismus; er brachte jene großartige europäische Erneuerungsbewegung der Renaissance zustande, von der Archtitekten, Philosophen und Politiker bis ins 19. und 20. Jahrhundert zehrten. Und wieder: als Italien nach der Entdeckung Amerikas wirtschaftlich bedeutungslos wurde, erstarkte es im 19. Jahrhundert erneut im *Risorgimento,* der Wiederentstehung des Nationalstaates, von dem aus nicht wenige Impulse auch über den Brenner nach Norden und über den Ozean nach Westen ausgingen.

Italia also vielleicht nicht mehr *bella Italia,* ja vielleicht nicht einmal wie bisher *Repubblica Italiana.* Trotz des *Addio* an beides jedoch Hoffnung auf ein neues, ein anderes Italien.

Von dieser Verwandlung, vom Alten wie vom möglichen Neuen, soll dieses Buch erzählen und träumen.

I
Camillo: Italienisches Urgestein

Camillo Pietrosanti klettert die Treppe des Bauernhauses hinunter, langsam, weil sein steifes Bein ihn wieder schmerzt und weil er zwei Kübel trägt mit dem Futter für seine Tiere: drei Fasane, vier Enten, zwei Dutzend Hühner, einen Bock und ein Schaf, zwei Lämmer, dazu die gerade wieder trächtige Mischlingshündin Lolla. Nebenbei versorgt er auch noch zwei Pferde und sieht auf den Feldern nach dem Rechten. Die Jeans schlottern und passen irgendwie gar nicht zu ihm, doch andererseits kann man sich auch nicht vorstellen, was er sonst bei seiner Arbeit tragen könnte, vielleicht eine abgeschabte braune Cordhose. Aber wahrscheinlich fehlt »einfach ein bißchen Hintern«, wie er sagt, »der ist durch das kaputte Bein abhanden gekommen.«

Camillo wohnt seit einem Jahrzehnt in dem *Casolare*, dem Bauernhaus aus der Jahrhundertwende. Bevor er, nach seiner Pensionierung, hierher an die Via Appia bei Latina zog, war er im nahen Nettuno südlich von Rom Ausbilder für junge Polizisten. Seine Frau *buonanima* – »selig«, wie er immer hinzufüge – ist vor acht Jahren gestorben, er wird von seiner Tochter versorgt, die ansonsten in nahen Cash & Carry-Markt »Pacifico« als Kassenfrau arbeitet. Camillo Pietrosanti hat nicht nur die letzten sechzig Jahre Italien durchlebt, er ist ein Stück Italien, seiner Vergangenheit und Gegenwart – noch.

Er fühlt selbst dieses »noch« und bringt es zum Ausdruck: in seinen Erinnerungen, seiner Einstellung, seinen Phantasien, wenn er darüber spricht, wie es *purtroppo* – leider – ist; und wie es sein könnte. Daß es mal so werden wird, wie es sein könnte, glaubt er allerdings auch nicht.

Vielleicht war es auch nie so, wie er es erinnert, aber für ihn sind seine Erinnerungen wahr. Er füllt, wieder in seinem Obergeschoß, unsere beiden Gläser bis zum Rand mit einem ausgezeichneten Wein aus der Produktion seines Vetters und sagt »Skoll«. Camillo radebrecht in vielen Sprachen, und »Skoll« sagt er zu jenen, die aus dem Norden kommen.

Er kennt alle Regionen Italiens und weiß, was man überall an Schönem und weniger Schönem erfahren kann. Mit sechzehn hatte er nur einen großen Wunsch: Radfahren. Das war damals eine Art Luxus, und gar Rennen zu fahren, wie er es wollte, galt exotisch. »Mein Vater hat mir den Marsch geblasen«, sagt er, »als ich immer wieder damit anfing: Du lernst was Anständiges, hat er gesagt.« Also wurde er Mechaniker – mit dem Seitenblick auf Fahrradreparaturen natürlich – »ein Dickschädel war ich schon immer«. Und dann hatte er plötzlich eine Eingebung: die Polizei!

Die wurde damals, nach dem Krieg, gerade mit Fahrrädern ausgerüstet, als Ersatz für das vorher übliche, aber nun nicht mehr zeitgemäße Pferd. Camillo bewarb sich, mit knapp zwanzig Jahren, und wurde genommen – bei der Fahrradtruppe natürlich, Abteilung Mechanik.

Polizei bedeutete für ihn zunächst Befreiung von der Familie, »auch wenn der Drill hart war«, endlich konnte er Sport treiben, ohne von seinen Eltern – Bauern aus Sermoneta in den Monti Lepiuni – zum Taugenichts erklärt zu werden. Camillo lernte auch boxen, schlug sich recht gut im Ring.

Dann kamen die Versetzungen – schon im zweiten Jahr nach Sizilien, wo er 1948 am Kampf gegen die Banditen des legendären Salvatore Giuliano teilnahm, nach Sardinien, wo die Entführerorganisationen wuchsen, an die oberitalienische Grenze, wo sich der Südtiroler Bomben-Terrorismus ausbreitete, nach Westen, nach Osten, wieder nach Kalabrien, Apulien, nach Latium.

Einige Zeit mußte er deutsche und andere Kriegsgefangene bewachen, dabei erwarb er sich denn auch seine Sprachkenntnisse. Noch heute versteht er so gut Deutsch, Polnisch, Ungarisch, Bulgarisch, Rumänisch und Französisch, daß er sich mit Touristen und auch der wachsenden Zahl von Flüchtlingen aus osteuropäischen Ländern recht gut verständigen kann. Wo es möglich war, bildete er sich weiter, studierte ein wenig Medizin. Das garantiert ihm noch heute in seiner Umgebung großes Ansehen: Obwohl er hier nur Verwalter des Bauernhofes ist und von einer bescheidenen Rente lebt, kommen viele Leute zu ihm, suchen seinen Rat, konsultieren ihn sogar oftmals anstelle des Arztes. 1951 ließ er sich als einer der ersten Italiener zum Masseur ausbilden und praktiziert das, trotz seiner Behinderung, bis heute. Unter seinem Wohnzimmerschrank stehen kistenweise Medikamente; immer wieder mal läutet es, dann stapft eine abgehärmte Bauersfrau herauf und läßt sich den Blutdruck messen; Camillo hat die wichtigsten medizinischen Geräte alle im Haus. Oft muß er auch noch seelischen Beistand leisten.

Daß der untere Druckwert diesmal sehr hoch ist, bringt z.B. Frau Anna, die während eines unserer Gespräche zum Blutdruckmessen kommt, regelrecht in eine Krise, ihre gichtigen Arme schwellen an, die rotgefrorenen Wangen werden dunkelblau. Camillo beruhigt sie, das sei nur der Effekt des Radfahrens, das sei sie nicht mehr gewohnt, sie solle das nächstemal wieder mit dem Bus kommen.

Daraus ergibt sich ein langes Gespräch mit der Frau, bei dem Camillo herausbringt, daß ein Teil der Malaise mit dem Herzen der Frau Anna von den Problemen mit ihren Kindern stammt. Inzwischen gehen, bedingt durch die seelische Entlastung und das längere Sitzen, die Blutdruckwerte wieder zurück – Camillo entläßt Frau Anna, die nun wieder ganz zufrieden ist. Dennoch ist deutlich zu erkennen, daß sie gerne noch einige Zeit geblieben wäre – meine Anwesenheit stört natürlich. Doch als ich Camillo ein diesbezügliches Zeichen mache, schüttelt er kaum merklich den Kopf: Geh nicht weg, ich sag dir gleich, warum. Als die Frau gegangen ist, zwirbelt er seinen prächtigen

Schnurrbart, der ihn weit jünger als 66 aussehen läßt: »Nein, du hast gar nicht gestört. Im Gegenteil: gut, daß du da warst. Die bleibt immer besonders lange – und was soll ihr Mann da denken?«

Den größten Eindruck auf ihn hat wohl die Auseinandersetzung mit dem sizilianischen Banditen Salvatore Giuliano gemacht – darauf kommt Camillo immer wieder zurück, obwohl er doch auf der »anderen Seite«, auf der des Gesetzes, stand. Auch Giuliano ist ein Stück Italien, und obwohl er schon vierzig Jahre tot ist, lebt er für viele Italiener weiter, bis heute. Wer in Montelepre das Grab des 1950 – wohl im Auftrag des vergeblich nach ihm fahndenden Polizeichefs – von seinem Schwager ermordeten *Turriddu* besucht, findet die Familiengruft stets voller Blumen, und oft trifft man dort regelrechte Pilgerströme, auch aus dem Norden Italiens: viele Jugendliche und mancher Pensionär erweisen dem – heimlich oder offen – verehrten Idol Reverenz. »Er war kein gewöhnlicher Gangster«, sagt Camillo, »er war politisch.« Was fast so klingt wie »Er war im Recht«. Daß der Bandenchef auch Dutzende von Menschen zum Teil öffentlich in den Dörfern »hinrichten« ließ, weil sie ihm in die Quere kamen, und daß er am 1. Mai 1947 in Portella della finestra ein Massaker unter Demonstrationsteilnehmern anrichtete, mindert für Camillo seine Bedeutung nicht: Er reiht ihn ein unter die »großen« Freibeuter vom Schlage eines Fra Diavolo (der Ende des 18. Jahrhunderts nach einem Mord aus Gründen verletzter Ehre »in die Berge« ging, dann politisiert wurde und 1799 die französischen Revolutionstruppen hinauswarf) – und das Blutbad vom 1. Mai »kann er gar nicht angerichtet haben: da war er in Mailand, unsere Leuten haben ihn doch beschattet«. Camillos Version trägt bei zu einer Legende, die den Briganten sowieso weitgehend reinwäscht und seine Untaten im wesentlichen den Einflüsterungen von Mafiosi, Adeligen, Politikern und, natürlich auch, amerikanischen Geheimdiensten zuschreibt. Es ist wohl so, daß sich jeder Italiener, der auch nur entfernt mit dem Sizilianer zu tun hatte, seine eigene Interpretation der damaligen Vorgänge zurechtbastelt, und Camillo ist auch in dieser Hinsicht typisch.

Daß die Wahrheit über Giuliano – Camillos Wahrheit – nie wirklich herauskam und auch die Behörden alles taten, sie zu verschleiern, bedeutete einen Einbruch für Camillos Staatstreue: er erkannte, daß auch hier gelogen und betrogen wird »wie im normalen Leben und wie einst im Faschismus – aber nun lebten wir ja in einer freien, nicht unterdrückten Gesellschaft«.

»Freiheit« ist einer jener Begriffe, auf die Camillo besonders gerne zurückkommt – »das Abschütteln des Faschismus war für fast alle von uns identisch mit dem Gewinn von Freiheit, ich denke, auch für viele Faschisten selbst, zumindest gegen Ende des Regimes, als es keinerlei Sicherheit mehr gab.« Doch langsam, sehr langsam, aber um so gründlicher, ist ihm das Wort »Freiheit« doch wieder fraglich geworden: »Mir selbst treibt *libertà* noch immer die Tränen in die Augen, wenn ich an die Zwänge in meiner Jugend zurückdenke«, sagt er, »und doch: wenn die heute unter Freiheit immer mehr die Erlaubnis verstehen, andere zu verletzen, dann kann ich da nicht mehr mit.«

Es ist nicht, wie ich zunächst vermute, der alte Polizist, der da durchkommt – es sind eher persönliche Erlebnisse, die ihn verletzt haben. »Für mich ist das Wichtigste im Leben der Respekt vor dem anderen Menschen, vor seinem Lebensraum, vor seiner Familie.« Er kommt auf Frau Anna zurück, deren Mann er nicht verletzen will, indem er sie über Gebühr lange bei sich zu Hause zurückhält, und allmählich getraut er sich auch an das heran, was ihn so schwer bedrückt: sein Sohn, Carabiniere in Oberitalien, hat vor einiger Zeit einen Vorgesetzten zu sich nach Hause eingeladen – und der ist dann mit seiner Frau durchgegangen. Wie schwer das Camillo getroffen hat, zeigt die Tatsache, daß er mit mir darüber spricht – gemeinhin werden derartige Wunden von Leuten seiner Generation und seiner Herkunft sorgfältig verborgen, werden niemals zum Thema eines Gesprächs. Es sei denn, er müßte seinem Bruder nach wochenlangen Ausflüchten erklären, warum die Schwiegertochter nicht mehr zu Besuch kommt.

Also schließlich ist der Sinn dieser Übung auch, andere zu verletzen. »Die Freiheit, andere zu verletzen«, das ist für ihn Chaos, Anarchie, und man kann glauben, daß er selbst sich immer davor gehütet hat – auch als Polizist. Sein steifes Bein z.B. hat er sich zugezogen, weil er jungen Kollegen in der Ausbildung vorgemacht hat, wie man sich aus einem fahrenden Auto herausfallen läßt und gleichzeitig schießt – »einer mußte es ihnen ja zeigen, sonst lernen die das doch nie«, sagt er ohne den geringsten Stolz. Er meinte es zu können, und so machte er es eben vor. Angst habe er dabei immer gehabt, das gibt er zu, »und siebenmal ist es an der Stelle auch gut gegangen, dann aber bin ich etwas früher hinausgesprungen, vielleicht war das Auto auch etwas schneller, am Wegrand war jedenfalls ein Loch, ich versuchte mich noch durch eine doppelte Rolle wegzudrücken, aber es war nichts zu machen.« Der Unfall zerschmetterte ihm das Bein und das Schienbein, sein Schlüsselbein brach, dazu der Oberarm.

Er hätte nun vorzeitig in Pension gehen können – aber er tat es nicht, arbeitete weiter als Ausbilder, natürlich nicht mehr beim Schnellfeuern. »Die jungen Leute haben gemeint, daß ich ihnen noch viel vermitteln kann, also habe ich es getan.« Er sattelte auf Pyrotechnik um, entschärfte in Rom Bomben aus dem Weltkrieg – »ohne auch nur einmal einen Fehler zu machen«. Das, was ihn bis heute daran bedrückt, war die Angst, die seine Frau – *buonanima* – um ihn ausstand: »Immer wenn die mich in der Nacht angerufen haben, komm nach Rom, wir brauchen dich wieder, wußte sie, um was es ging, auch wenn sie es nicht sagte; sie hat nur geweint.« Aber eben – einer mußte es ja machen.

Camillo geht wieder zur Treppe, drückt seine Mütze auf die Glatze, das gute Stück ist noch von seiner Frau, *buonanima*, handgestrickt. Er trägt sie nicht zur Erinnerung und auch nicht aus Eitelkeit, sondern weil er stark unter Migräne leidet, sicher Folge der Belastung, unter der er gelebt hat. Doch er beklagt sich nicht, erzählt leidenschaftslos von damals, obwohl seine Erlebnisse etwas Heroisches an sich haben – besonders wenn man sieht, wie schmächtig er ist. Ein merkwürdiger Kontrast, denn von seiner Einstellung und Lebenshaltung her gehört er zum italienischen »Urgestein«.

Camillo gehört zu jenem Italien des Umbruchs, als nach dem Faschismus und dem Befreiungskampf gegen die deutschen Besatzer und ihre italienischen Kollaborateure eine neue Identität gefunden werden mußte – eine stets gespannte, doch nie zerbrechliche Identität, die beides integrierte, den Haß der Mussolini-Anhänger und der Antifaschisten überwand und gleichzeitig die in Trümmer gegangene Wirtschaft und Kultur wieder auf die Beine brachte.

Anders als in Deutschland, wo nach dem Zweiten Weltkrieg die Aufarbeitung der Vergangenheit durch eine um so emsigere Industrialisierung und Geldscheffelei verdrängt wurde und die neue Identität durch das Wirtschaftswunder und den Kalten Krieg entstand, haben sich die Italiener ihr neues Selbstbewußtsein eher mit den Händen denn mit Maschinen geschaffen. Der Bauernstand, die Fabrikarbeiter, die kleinen Handwerksbetriebe schafften tatsächlich auch so etwas wie ein »kleines« Wirtschaftswunder. Aber es war eher das Wunder des Überlebens in einer fast perspektivenlos erscheinenden Zeit als ein Denken Marke »Wir sind wieder wer«, wie das der deutsche Bundeskanzler Ludwig Erhard in den 60er Jahren für sein Land verkündete. Camillo ist einer von jenen, die nicht nach neuen Geräten und Methoden riefen, denen es genügte – und weitgehend noch immer genügt – wenn der Staat sie in Ruhe läßt, wenn sie unbehelligt ihren kleinen Acker versorgen, ihren winzigen Betrieb aufrecht- und ihre Familie zusammenhalten können.

Doch Menschen wie Camillo Pietrosanti gibt es immer weniger in Italien. Vielleicht kommen deshalb so viele zu ihm, ältere wie junge, fragen ihn, hören ihm zu und wollen sich noch immer Rat bei ihm holen.

II
Francesco: Suche nach neuer Identität

Kennengelernt habe ich Camillo über Francesco, einen seiner Neffen, Enkel des Hofeigentümers. Francesco ist noch lange nicht ein Stück Italien; doch er könnte es werden. 27 Jahre alt, Tierarzt wie sein Vater Carlo, jedoch wesentlich zierlicher als dieser. Emsig im Lernen und auch im Arbeiten (als Regierungsveterinär muß er tagtäglich, sechsmal die Woche, um halb sechs Uhr in den Dienst, dazu hat er noch eine eigene Praxis), tritt er eher schüchtern auf, sucht seine Unsicherheit durch ein bubenhaftes Lächeln zu überdecken. Sein liebenswürdiges, jugendliches Aussehen empfindet er als hinderlich, wenn es um »seriöses« Auftreten geht, und so hat er sich eine nach vorne geneigte Kopfhaltung angewöhnt, als würde er dauernd Pferdehufe begutachten. Zeitweise ließ er sich auch einen Bart wachsen, der ihm gut stand und auch seiner Verlobten ausgezeichnet gefiel; dann aber setzte sich die resolute Mutter durch; sie fand die Stoppel ungepflegt, also weg damit.

Francesco Censi gehört zu jenen jungen Italienern, bei denen sich schon heute zeigt, daß sie auf keinen Fall einmal »Urgestein« sein werden wie ihre Eltern – welches Italien sie einst schaffen, gestalten könnten, ist noch offen; aber bei ihnen kündigt sich grundlegend Neues an, anders als bei den vorhergehenden Generationen.

Nach dem Krieg hatten die Söhne und Töchter zunächst einmal nicht viel anderes vom Leben erwartet als ihre Eltern: überleben, möglichst keinen Krieg mehr, ein wenig mehr Sicherheit als zuvor. Das war's dann auch schon. Berufe suchte man sich nicht aus, man nahm, was kam: wenn die Eltern den ihren weitergeben konnten, übernahm man ihn, wenn nicht, ergriff man Gelegenheiten, die sich eher zufällig boten. Eine ungeheure

Mobilität entstand – die aber an der Substanz überhaupt nichts änderte. Lebens- und Karriereplanungen gab es allenfalls in der Politik oder im hohen Management, der Rest war im wesentlichen Improvisation. Touristen wunderten sich immer wieder, wenn sie nach einem Jahr in »ihren« Ort kamen (die traditionellen Fremdenverkehrshochburgen wie Rimini oder Abano einmal ausgenommen) und der Bademeister hatte ebenso gewechselt wie der Barbesitzer, die Kellner im Restaurant waren andere, in der Autowerkstatt residierte jetzt ein Fahrradhändler. An vielen Betrieben stand Jahr für Jahr *nuova gestione*, neue Inhaber, angeschrieben.

So entwickelte sich weder eine Kontinuität der Berufe und Tätigkeiten noch eine wirkliche Umschichtung. Dazu kam, daß die erste Nachkriegsgeneration der Regierenden ihre Herrschaft über das Land bis in ein geradezu biblisches Alter hinein aufrechterhielt – in der Politik, wo noch heute »Gründerväter« der Republik wie der siebenmalige Ministerpräsident Giulio Andreotti Macht ausüben, wie in der Wirtschaft, wo die Patriarchen der großen Familienunternehmen wie Giovanni Agnelli von FIAT oder Leopoldo Pirelli vom Gummi-Weltkonzern ebenfalls noch im hohen Alter nicht von den Schalthebeln der Entscheidung lassen wollen.

Der nachfolgenden Generation, im Grunde sogar auch noch den Enkeln der Gründerväter, blieb so kaum etwas anderes übrig, als sich mit ihrer eigenen Machtlosigkeit abzufinden, sich verbal für »unabhängig« zu erklären – und im übrigen die Alten mehr oder weniger genau zu kopieren, vielleicht auf anderen Gebieten, aber mit denselben Methoden, denselben Einstellungen, im Grunde auch derselben Planlosigkeit und Improvisation. Francescos Vater Carlo, 57, ist durchaus ein Beispiel dafür: Seine Eltern waren noch Bauern, besaßen einen Hof; da dieser aber nicht alle Söhne ernähren konnte, ergriffen sie eben verwandte Berufe. Carlo wurde Land-Tierarzt, sattelte dann um und reist seither als Vertreter für Futtermittel in der

Provinz herum, makelt dabei nebenher noch ein wenig im Vieh- und Pferdehandel. Das macht ihm Spaß und bringt viel Abwechslung und neue Bekanntschaften. Carlo ist bekannt wie ein bunter Hund. Man kann sich gut vorstellen, daß sein Vater, sein Großvater und seine Vorfahren alle von derselben wetterfesten, alles überrollenden Statur waren wie er. Nur hatten diese noch eine Chance wirklicher Zukunftsgestaltung; der Generation um Carlo war genau dies verwehrt, weil die Alten noch herrschten und das Neue sich nicht so energisch durchsetzen konnte, daß die Herrschenden von selbst abserviert wurden.

Anders aber nun die Jungen wie Francesco Censi. Bei ihnen sind kaum Ansätze zu beobachten, die Eltern zu kopieren. Das drückt sich paradoxerweise bei Francesco darin aus, daß er ohne Umschweife allen Leuten sagt, er sei *fortunato*, vom Schicksal begünstigt, weil er einen Vater hat, der schon Tierarzt ist, und auch noch einen Onkel, der zu den gesuchtesten Veterinären der Region gehört. Bereits darin, daß er derlei von sich sagt, unterscheidet er sich vom Vater und vom Onkel – die hätten in ihrer Jugend niemals gesagt, daß sie von ihrem Vater oder Onkel lernen wollten, daß deren Beruf und Stellung ihnen weiterhalf. Im Gegenteil: sie hätten ihre Autonomie und den Willen zum Anderssein so lange betont, bis niemanden mehr verborgen blieb, wie ähnlich sie ihren Vätern bereits waren.

Francesco schätzt sich mithin als vom Schicksal begünstigten Menschen ein, weil er in ein solches Nest hineingeboren wurde. Doch gleichzeitig geht er, erst ein gutes Jahr im Beruf, entschieden seine eigenen Wege. Ratschläge seines Onkels zu langwierigen Injektionskuren bei Tieren nimmt er kopfnickend zur Kenntnis – um dann aber viel lieber Pulver zu verabreichen oder einfach eine Luftveränderung für das Tier zu verordnen, um mögliche negative Umwelteinflüsse auszuschalten. Erst wenn alle natürlichen Kuren nicht helfen, rückt er mit der großen Spritze an. Seinem Onkel lassen Francescos eher sanfte Behandlungsmethoden die wenigen verbliebenen Haare zu

Berge stehen, doch Francesco ist unbeirrbar und beobachtet lieber lange, bevor er zusticht: eine große Ausnahme in einem Land, wo Radio und Fernsehen das Volk tagtäglich noch immer mit verführerischer Reklame für pharmazeutische Produkte überschwemmen und mit der Verheißung eines glücklichen, schmerzfreien langen Lebens durch Medikamente.

Natürlich gerät Francesco so immer wieder in Konflikt mit Kunden, die energisch den Einsatz aller möglichen Tinkturen und Injektionen fordern, von denen sie irgendwo gehört haben. Noch gibt er ihnen nach – zu oft, wie er dann selber ärgerlich anmerkt: es gehört schon sehr viel Mut dazu, sich dem in Italien ungebrochenen, irrationalen Glauben an die Chemie entgegenzustellen.

Aber vielleicht unterliegt auch er selbst mitunter noch irrationalen Vorstellungen. Eine Fernsehsendung über Tote, die angeblich wiedererwacht sind, beeindruckt ihn so, daß er mich in eine Diskussion über Gott zu ziehen versucht; wenn jemand scherzhaft von möglichen Komplikationen bei Operationen oder vom Tod eines von ihm behandelten Tieres spricht, spreizt er sogleich an beiden Fäusten den Zeigefinger und den kleinen Finger und hält sie nach unten: das umgekehrte Hörner-Zeichen, Beschwörung des Teufels – und man hat dabei nicht das Gefühl, er tue das nur zum Scherz. In guter Gesellschaft befindet er sich damit zweifellos: ein berühmtes Foto zeigt auch den bisher jüngsten Regierungschef der Nachkriegszeit, Giovanni Goria, damals 45, wie er während einer Parlamentsdebatte den Bösen mit dem Hörnerzeichen beschwört.

Doch dann ist es tatsächlich dieser Glaube ans Irrationale, der Francesco zu außergewöhnlichen Versuchen und Leistungen bringt: als ihm unsere Katze während der Sterilisation offenbar wegen einer Betäubungsmittel-Allergie wegzusterben schien und seine drei Kollegen den Kadaver bereits wegwerfen wollten, nervte er sie so lange, bis sie doch noch mal Wiederbelebungsversuche unternahmen. Die Katze lebt heute noch.

Auch sonst zeigt er, trotz seiner Unsicherheit, immer wieder gewaltige Courage: Er führte als erster in Italien eine Kur für die chronische Bronchitis, die sogenannte Pferde-Dämpfigkeit ein, eine Krankheit, die hier noch immer das Todesurteil für das Tier bedeutete, weil es nicht mehr eingesetzt werden kann, weder in der Landwirtschaft noch im Sport.

Die Kur ist in anderen Ländern schon seit zehn Jahren in Gebrauch und nicht einmal eine große Anstrengung für das Pferd, sie bedeutet allerdings einen mehrtägigen Einsatz für den Tierarzt. Francesco besorgte sich die (meist in Deutsch erschienenen) wissenschaftlichen Arbeiten über die Behandlung, ließ sie sich übersetzen – und stieß sofort bei all seinen Kollegen auf so massive Skepsis, daß es kein Wunder wäre, wenn ihm das Herz in die Hose rutschte; Italiens Viehdoktoren halten sich noch fast alle an das Motto: Würde die Sache funktionieren, würden wir sie doch längst kennen. Dämpfige Pferde gehören zum Schlachter, das war schon immer so.

Francesco, verunsichert, kämpfte längere Zeit mit sich, ob er sich an die Sache herantrauen sollte; einen ersten Versuch brach er ab, weil das Tier zu bluten anfing. Dann aber nahm er sich ein Herz, zumal meine Frau ihm eines ihrer Pferde, das tatsächlich dämpfig war, zur Verfügung stellte. Er übersah das Naserümpfen seines Onkels und machte sich, heimlich im Hof seines Großvaters und unter kräftiger Unterstützung durch Onkel Camillos Wein, an die Arbeit, wobei er sich offensichtlich an den listigen Rat seines Vaters klammerte, er könne sich bei Mißlingen darauf hinausreden, die Deutschen hätten diese Behandlung ja gewollt. Außerdem hatte auch seine Verlobte Titti darin eine einmalige Chance für ihn erkannt, sich als Spezialist für den Atemapparat von Pferden einen großen Namen zu machen.

Als die Kur erfolgreich durchgeführt ist, marschiert er bei einem Kongreß in Perugia auf seinen Universitätslehrer zu und fragt ihn, ob er die Behandlung kenne. Der Professor muß passen – Francesco ist so stolz, daß er beinahe birst. Seine Kollegen sind neidisch, sein Onkel versucht den Erfolg durch Mäkelei herunterzuspielen; doch von nun an wird er seinem Neffen nicht mehr viel vormachen können.

Es gibt viele Tricks, die Francesco durchschaut, mit denen er schon umzugehen gelernt hat – ohne sie selbst anzuwenden. Bei einem Abendessen kommen wir auf die sagenhaften Summen zu sprechen, die in Italien für ganz normale Pferde verlangt werden, oft ein Vielfaches dessen, was man sich z.B. in Deutschland oder der Schweiz dafür zu verlangen getrauen würde. Eigentlich müßte es unter solchen Umständen doch ganz rentabel sein, die Tiere aus dem Ausland hereinzuholen, meine ich, trotz des Zolls und der Transportkosten.

Francesco lacht: »Das mit den Preisen mußt du als typisch italienische Traumtänzerei ansehen. Keiner kriegt den Preis, den er fordert. »Gut, man kann sicher noch etwas herunterhandeln, das ist auch anderswo so, aber auch dann noch…« »Nein, nein«, sagt Francesco und freut sich, mich aufklären zu können, »da wird gar nichts heruntergehandelt – allenfalls bei Barzahlung wird der Preis niedriger. Meist aber wird da ein Tauschhandel abgeschlossen, und den Käufern und Verkäufern kommt das auch entgegen; die meisten brauchen das Gegengeschäft regelrecht, sonst bricht ihr ganzes Gebäude aus Illusionen zusammen.«

Wie das? Ist Barkauf nicht das Ersprießlichste? »Nein«, sagt Francesco, »bei uns in Italien funktioniert das ganz anders. Also: Der Verkäufer fordert 25 Millionen (umgerechnet 32 000 DM, W.R.) für ein Pferd, das vielleicht ein Drittel wert ist, also acht Millionen – die 25 Millionen, das ist der Preis, den du dann in der Fachzeitschrift liest oder von dem du hörst, wenn wieder mal ein solcher Handel abgeschlossen worden ist. Der Käufer erklärt ihm zuerst einmal, daß er da ein anderes Pferd hat, für das er seinerseits mindestens zehn Millionen haben will; in Wirklichkeit ist der Gaul gerade drei Millionen wert. Am Ende einigt man sich auf den Tausch, plus fünf Millionen drauf – realiter ist damit ein Pferd im Wert von drei Millionen gegen eines von acht Millionen getauscht worden, mit einem korrekten Aufpreis von fünf Millionen. Aber beide können stolz von ihrem Erfolg berichten. Der eine, daß er nun ein Pferd im Wert von 25 Millionen besitzt und dafür nur seinen früheren, kaum drei Millionen werten Gaul plus fünf Millionen geben mußte; der Verkäufer ist ebenfalls zufrieden, weil er sich vorgaukeln kann, sein in Wirklichkeit nur acht Millionen wertes Pferd für eines von zehn Millionen eingetauscht zu haben und noch fünf Millionen bar dazugekriegt zu haben.«

Francesco sieht darin aber nicht nur einen echten Pferdetäuscher-Akt – für ihn ist derlei das Symbol für das heutige Italien. »Es ist die Traumtänzerei, von der wir in diesem Land leben, noch jedenfalls. Vom Kommerz über die Industrie bis zur Politik. Genau dieses Augenverschließen vor der Realität aber müssen wir loswerden, sonst sind wir in zehn Jahren die Fußkranken Europas.«

III
Traumtänzerei als Realität

Illusionismus, Traumtänzerei: eine zutreffende Charakteristik für das »offizielle« Italien ebenso wie für das alltägliche; es gilt für die öffentlichen Bilanzen, die Versprechen der Regierung und der Manager wie für Statistiken und Planungen und für die Sprüche und Visionen der einfachen Bürger. Kaum etwas davon beruht auf Realität – und doch, es ist Realität; Realität, weil das Land auf wundersame Weise trotz – und durch – diese Traumtänzerei weiterlebt, überlebt, in einigen Bereichen sogar weiter floriert. Der mit dreiundsiebzig Jahren noch immer im Zentrum der Politik stehende Ministerpräsident Giulio Andreotti hat 1991 drei Worte als Prinzip seiner ständig zerstrittenen Viererkoalition genannt *Tirare a campare* – sich eben so durchschlagen: nirgendwo könne er Sachverstand einsetzen, müsse ständig und überall Rücksicht auf überaltete, neuerungsunfähige Strukturen und vor allem auf die Klientel seiner Minister, Parteioberen, Provinzfürsten nehmen – und so ersetze die Illusion des Entscheidens eben oft die Entscheidung selbst. Sein neuestes Buch heißt ›Regieren mit der Krise‹.

Wobei man freilich hinzusetzen muß, daß Andreotti selbst der Garant dafür ist, daß sich daran nichts ändert: mit absoluter Sicherheit wurde er immer dann zum Ministerpräsidenten ernannt, wenn es darum ging, kritische Situationen durch Aussitzen, Verzögern, schlitzohrige Manöver zu überdauern.

Die Sache ist nicht einfach zu verstehen, obwohl sie auf den ersten Blick so durchschaubar erscheint.

Das Prinzip des Pferdehandels, wie es Francesco dargestellt hat, findet man jeden Tag in den Zeitungen wieder, in den Meldungen über die Ankündigungen der Politiker, Industriellen, Manager, der Sport- und Flimmer-Idole der Nation; ein Vergleich mit der Realität zeigt, wie recht Francesco hat.

Seit mehr als einem Jahrzehnt hat es z.B. keine einzige Regierung mehr geschafft, einen Haushalt zu verabschieden, der nicht schon während der Lesungen im Parlament weitgehend Makulatur gewesen wäre. Mal stimmten die Zahlen über die Einkünfte nicht, mal hatte man bei den Ausgaben ganze Gesetzeswerke vergessen, die auch finanziert werden mußten (so z.B. 1989 über den Umweltschutz), mitunter sogar die Betriebsaufwendungen für ganze Ministerien (so das über Immigrationsfragen). Meist aber hatten die Rechenkünstler nach der von Francesco beschriebenen Pferdehandel-Methode rein fiktive Zahlen für die Berechnung der Bilanz eingesetzt, Mehrausgaben einfach mit höheren Ansätzen für Einnahmen kompensiert und die höheren Einnahmen wieder mit heraufgesetzten Zahlen aus fiktiven Geschäften begründet.

Mitte der 80er Jahre begann unter der Herrschaft des sozialistischen Ministerpräsidenten Bettino Craxi – auch er inmitten einer vor allem auf ihre Klientel bedachten Koalition – die große Privatisierungswelle staatlichen Eigentums; zu diesem Zeitpunkt waren nahezu 40 Prozent von Industrie, Versicherungen, Banken und Medien im Besitz der öffentlichen Hand. Zunächst versuchten es die amtlichen Verhökerer mit unrentablen Betrieben wie etwa der weitgehend zusammengebrochenen Stahlindustrie – deren Wert sie im Haushalt großzügig wie hochrentable Privatunternehmen ansetzten. Natürlich blieben sie auf ihren Angeboten sitzen, der Haushalt mußte in mehreren Jahren um – umgerechnet – fast 100 Milliarden DM nach unten korrigiert werden.

Dann begannen sie, die attraktiveren Sparten zu verscherbeln, einschließlich der florierenden Chemie- und Petroindustrie – ohne der Tatsache Rechnung zu tragen, daß danach die Einnahmen aus diesen Wirtschaftsbereichen ausbleiben würden. Überdies besannen sie sich dann plötzlich wieder eines ganz anderen: als das ursprüngliche Ziel, die weitgehende Privatisierung, fast erreicht war und der Hauptaufkäufer Raul

Gardini (vom Nahrungsmittelkonzern Ferruzzi) die Besetzung leitender Stellen einforderte, wollte das Ministerium für Staatsbeteiligungen nichts mehr von der Sache wissen. Am Ende kaufte der Staat die Mehrheit zu einem horrenden Preis zurück, Gardini schied aus, die Konzernführungen wurden wieder wie eh und je unter Parteibonzen aufgeteilt. Und die Chemie liegt seitdem darnieder.

Ist die Deckungslücke im Haushalt nicht mehr zu vertuschen, geht es eifrig ans publikumswirksame Stopfen, und immer wieder einmal zeigt sich dabei der Reichtum absurder Phantasien, zu denen Beamte fähig sind. Da gibt es dann neue Gebühren auf tragbare Telefone oder auf Kreditkarten, mal wird der Eigentümer einer Zweitwohnung, mal auch schlicht jeder Häuslebauer gemolken, auch Eigner von Geländewagen sollen ab und zu mit einer Sondersteuer bluten. Dann gibt es einen Aufschlag aufs sowieso schon sehr teure Heizöl, dann auf den Strom – und immer, immer liegen die Berechnungen für die Mehreinnahmen milliardenweit daneben. Daß erhöhte Benzinpreise auch den Benzinabsatz senken könnten und damit die Einnahmen schmälern, kommt den amtlichen Hochrechnern nicht in den Sinn, ebensowenig, daß aufgrund der Zusatzabgabe der Gebrauch von Kreditkarten sinken wird. Als die Sondersteuer auf Geländewagen erhoben wurde, stritten sich die Experten überdies so lange darüber, was denn nun ein Geländewagen sei, bis die Regierung entnervt das ganze Projekt fallenließ. Zum besonderen Hit geriet die Sache mit den drahtlosen Telefonen: da stellte sich heraus, daß fast zwei Drittel der teuren Statussymbole – auf staatliche Stellen und Ämter zugelassen waren; besonders leitende Beamte hatten sich großzügig selbst bedient, und die Steuer auf die *Telefonini* mußte der Staat selbst berappen.

Selbst wenn ein Finanzminister den Ausgleich über seine sozusagen »natürlichen« Einnahmequellen sucht, über bereits lange eingeführte Steuern, geht es oft daneben. Giuseppe

D'Alema, viele Jahre Vorsitzender des Finanzausschusses im Parlament, hat ein anschauliches Beispiel parat: »Um die kleinen Ladenbesitzer, die in der Tat meist nur sehr wenig Abgaben gezahlt haben, zum Steuerzahlen zu zwingen, hatte unser Finanzministerium die Einführung von Registrierkassen verfügt und Strafen für alle vorgesehen, die keinen korrekten Quittungsbeleg ausgeben. Man erwartete sich Mehreinnahmen in Höhe von fast 50 000 Milliarden Lire (67 Milliarden DM). Doch alleine die Anschaffung solcher Kassen mit dem vorgeschriebenen doppelten Bon-Streifen, an die vier bis fünf Millionen Lire, hat Tausende von kleinen Läden überfordert, sie haben zugemacht – der Staat bekommt seither nicht einmal mehr die paar Lire, die die vorher noch abgeführt haben. Die anderen aber, die aus dem Ruin der Konkurrenten profitierten, kamen so in jene Gewinnzone, in der es immer leichter wird, Steuern zu hinterziehen – also auch von daher keine bessere Rendite. Am Ende kam weniger herein als vorher.«

Doch nicht nur die Bürokraten erweisen sich als große Illusionisten. Zu den Meistern in diesem Fach gehören oft genug auch jene, von denen man realistische Kalkulation schon deshalb erwartet, weil sie nach allgemeinem Urteil sonst nicht leben können. Wunderschöne Belege dafür lieferten in den letzten Jahren nahezu alle Großkonzerne, inklusive der weltweit gerühmten Familien-Giganten Olivetti (Elektronik und Büromaschinen), Pirelli (Reifen und Kunststoff) Berlusconi (Medien, Bau) und sogar des Weltunternehmens FIAT (Kfz, Waffen, Banken).

Im Frühjahr 1988 verkündete Olivetti-Chef Carlo De Benedetti, er habe die Mehrheit der belgischen Société générale übernommen – eines Konzerns, der nahezu ein Drittel der belgischen Wirtschaft kontrolliert. Stolz übertrugen Italiens Medien Interview um Interview mit dem erfolgreichen Unternehmer.

Zwei Tage danach stellt sich heraus, daß De Benedetti trotz

seiner berühmten Computer nicht gut rechnen kann: Ihm fehlten noch fast fünf Prozent bis zur Mehrheit – und die bekam er auch nicht. Am Ende mußte er sich kleinlaut aus dem Geschäft zurückziehen, mit Verlusten von umgerechnet vielen hundert Millionen DM.

Im Herbst 1991 blamierte sich die Reifenfirma Pirelli ganz ähnlich: Man werde die deutsche Continental übernehmen und diese ganz nach eigenem Gusto führen, erklärte Firmenchef Leopoldo Pirelli – ebenfalls voreilig, wie sich herausstellte: Die Manager des Gummi-Herstellers hatten versäumt, das deutsche Aktienrecht zu studieren; die Übernahme platzte und Pirelli steht nun so in den roten Zahlen, daß der Staat sanieren muß. Leopoldo mußte die Leitung seines Imperiums abgeben.

Noch rühmten ausländische Fachleute (darunter auch die Wirtschaftsexperten des ›Spiegel‹) die Klugheit der FIAT-Familie, die derart spektakuläre Überfälle immer vermieden hatte und damit hervorragend gefahren war – da wurde publik, wie auch die Turiner Autobauer nicht hatten widerstehen können und einen Überfall auf den französischen Lebensmittelkonzern Perrier in Szene gesetzt hatten. Auch sie waren der Illusion aufgesessen, es werde schon nicht so genau gehen und die paar fehlenden Prozente werde man sich noch durch eine großzügige Offerte an Kleinaktionäre schon sichern können. Doch im Verein mit der Regierung und anderen ausländischen Konkurrenten – darunter dem Schweizer Nestlé-Konzern – wies die französische Wirtschaft den Anschlag zurück; auch die Agnellis stehen nun blamiert da. Die nach mehreren Gerichtsurteilen erzielte »gütliche« Einigung kaschiert nicht einmal die Blamage – die Agnellis bekommen lediglich ein paar Immobilien von Perrier im Zentrum von Paris, aber der von FIAT gewünschte, angesichts der Autoflaute dringend notwendige Einstieg in alternative Bereiche wie den Lebensmittelhandel ist total mißlungen. Der Lack ist auch hier ab. Traumtänzerei hatte im Hause Agnelli ebenfalls zu vorzeitigen und kontraproduktiven Siegesgefühlen geführt.

Auch landesintern führen die Großunternehmer vor, wie gründlich sie entschlossen sind, lieber schön zu träumen als sich der Realität zu stellen. Ende 1989 trat der Medien-Mogul Silvio Berlusconi – Eigner der landesweit größten TV-Sender (*Italia 1, Retequattro, Canale cinque*) – vor die Kameras und erklärte, er habe vergangene Nacht die Anteile der Familie Mondadori am gleichnamigen Zeitungs- und Zeitschriftenkonzern und damit die Mehrheit im Gesamtunternehmen erworben. Das bedeutete, daß er neben dem landesweit auflagenstärksten Blatt ›la Repubblica‹ auch die beiden größten politischen Wochenmagazine ›L'Espresso‹ und ›Panorama‹ eingesteckt hatte. Der bisherige Mehrheitsführer im Konzern, Carlo De Benedetti (Olivetti), stand verdattert da, war er sich doch seinerseits sicher gewesen, mit den Mondadoris Optionen für die Übernahme ihrer Anteile ausgehandelt zu haben. Außerdem galt Berlusconi in diesem Augenblick als ausgesprochen geschwächt, denn kurz zuvor war ihm ein Auslandsgeschäft geplatzt – er hatte den französischen Satellitenkanal ›Le Cinq‹ zu übernehmen versucht und war gescheitert.

Die Mondadori-Sache ging vor Gericht, wurde einmal zugunsten Berlusconis, dann wieder zugunsten De Benedettis entschieden, dann wieder umgekehrt. Am Ende mußten sich die beiden schlicht deshalb einigen, weil ihnen, obwohl sie zu den reichsten Männern Europas gehören, das Geld ausging. Wer die Mehrheit wirklich hatte, ist bis heute unklar. Man teilte sich die Beute – doch auch das hatte einen hohen Preis. Um für beide Seiten einen allzugroßen Gesichtsverlust zu vermeiden und außerdem das nach dem Dauerclinch absehbare finanzielle Desaster aufzuhalten, ließen sich die beiden auf einen von Ministerpräsident Andreotti ernannten Vermittler ein, der dann auch noch Mitgesellschafter beider Kämpen wurde. Es war das erstemal, daß der Staat so ungeniert in die Privatwirtschaft hineingriff – Konsequenz des Dilettantismus der beiden ansonsten zu den Aushängeschildern der italienischen Wirtschaft zählenden Industriellen.

De Benedetti mußte mittlerweile übrigens tatsächlich auf staatliche Hilfe zurückgreifen, fast ein Drittel der Olivetti-Beschäftigten ist entlassen worden, viele davon kamen beim Staat unter. Und Berlusconi bekam von der Regierung eine Reihe attraktiver Sendefrequenzen zugeschanzt, weil auch er sonst mit seinen Privatsendern in Schwierigkeiten geraten wäre.

Traumtänzerei als Alltagshaltung, *Tirare a campare*, Durchwursteln als Lebensprinzip, wohin man guckt. Eines der schönsten Beispiele dafür ist der Sport. Wer erlebt hat, wie Italien in die »zu Hause« veranstaltete Fußballweltmeisterschaft 1990 ging, konnte sich nur wundern, worauf die ganze Siegesgewißheit beruhte. Zwar hatten die Italiener im Jahr zuvor alle europäischen Pokale gewonnen – doch Europa-Cups werden unter Vereinsmannschaften ausgespielt, mit bis zu drei Ausländern in der Elf. All die Cracks von AC und Inter Mailand, vom AC Neapel oder von Sampdoria Genua waren keine Italiener, sondern Holländer, Deutsche, Argentinier, Brasilianer, Engländer.

Die Traumtänzerei während der WM hielt natürlich an, als die ersten Partien dann jeweils in den allerletzten Minuten (und oft eher aufgrund schiedsrichterlicher Mithilfe) doch noch zugunsten der Italiener entschieden wurden – nach durchwegs miserablem Spiel. Die Pfuscherei der Balltreter wurde in den heimischen Medien kaum einmal kritisiert – man hatte ja gewonnen und nahm an, daß das auch künftig so sein würde. Als das Halbfinale dann gegen Argentinien verloren war, verfielen die Italiener, sonst fußballnärrisch wie kaum eine andere Nation, in derartige Depressionen, daß sie nicht einmal mehr das Endspiel sehen wollten. »Welches Finale?« fragte ein Stewart der Alitalia, als sich ein Passagier neben mir – angesichts des unter uns abgebrannten Feuerwerks auf dem Flug von Frankfurt nach Rom – nach dem Resultat des offenbar eben beendeten Endspiels erkundigte. »Ach so, das Spiel. Ha vinto -«, er zögerte, als müsse er sich Jahre zurückerinnern, »la Germania«. Auf den Flügen zuvor hatten die Flugkapitäne selbst bei bedeutungslosen Partien über jedes Tor sofort die Passagiere informiert. So gründlich, wie sie vorher die Mittelmäßigkeit ihrer Mannschaft verdrängt hatten, so gründlich verdrängten sie nun alles, was nach dem Ausscheiden der *Azzurri* kam – Illusionismus mit umgekehrten Vorzeichen.

Es ist, wie der sizilianische Schriftsteller Leonardo Sciascia nach fünf Jahren Zugehörigkeit zum Parlament in Rom einmal feststellte, »wahrscheinlich ein großes Stück mediterranen Lebensgefühls, wenn sich bei uns jeder über alles Hoffnungen macht, sich etwas einbildet, behauptet, tausenderlei Dinge zu kennen, von denen er im Grunde nur wenig Ahnung hat.« Sciascia erklärte mir das vor seiner Wohnung in Palermo anhand der Umgebung. »Schau, dort drüben, das ist eine Autowerkstätte. Die geht ganz gut, doch keiner von den Leuten da drinnen hat jemals eine Mechanikerlehre mitgemacht – sie haben halt ein Auto und an dem mal herumrepariert, und schon bilden sie sich ein, Mechaniker zu sein. Oder dort, auf der anderen Seite, der Schneider – der hat das einem Nachbarn abgeguckt, der vor einigen Jahren gestorben ist. Wer in seiner Kindheit mal auf einem Pferd gesessen ist, behauptet, sich mit Pferden auszukennen, und eröffnet eine Reitschule, wie du dort hinten sehen kannst, wer so recht und schlecht Spaghetti kochen kann, ein Restaurant. Wir haben Industriebetriebe, die mit modernsten Computern ausgestattet sind, doch die Computer werden benutzt wie ein Taschenrechner, weil eben kein Fachmann dransitzt, dafür aber ein ganzes Rudel Verwandter des Betriebseigentümers und Sprößlinge seiner Freunde, die behaupten, die Dinger bedienen zu können, nur weil sie drei oder vier Operationen damit ausführen. Facharbeiter haben sie allenfalls ein halbes Dutzend, der Rest hält sich aber ebenso für Spezialisten, nur weil sie in dem Betrieb und an diesem Arbeitsplatz stehen, und irgendwann werden sie mit diesen rein imitativen Wissen ihren eigenen Betrieb aufmachen.«

Das Merkwürdige – Sciascia hat es »faszinierend« genannt, der derzeitige Haushaltsminister nennt es »grauenhaft« – an dieser Art der selbsternannten, eingebildeten Kapazität ist, daß ja tatsächlich viel ohne die gründliche Ausbildung und Spezialisierung klappt, die man eigentlich voraussetzen müßte. Zu Beginn der neunziger Jahre haben zufällige Überprüfungen von Diplom- und Doktorurkunden schon bei erster Sichtung ergeben, daß mehrere Dutzend praktizierender Zahnärzte, Ärzte und sogar Flugkäpitäne niemals eine adäquate Ausbildung genossen, sondern sich ihre Papiere auf dem Fälschermarkt gekauft hatten – doch keiner von ihnen war jemals durch Fehler aufgefallen. Im Februar 1992 verabschiedete das Parlament ein Gesetz gegen die selbsternannten Automechaniker – gesalzene Strafen für alle, die ihre *macchina* im Do-it-yourself-Verfahren wieder in Schwung bringen. Die zunächst vorgebrachte Begründung, man müsse die Sicherheit der Vehikel erhöhen, erwies sich als falsch – im Heimverfahren kurierte Autos und Motorräder sind an Unfällen nicht mehr beteiligt als solche aus autorisierten Werkstätten. Das Gesetz war ein pures Wahlkampfgeschenk an die mittelständische Klientel, die sich damit lästige Billigkonkurrenz vom Halse schaffen wollte.

Derlei Erfahrungen haben bei vielen Italienern und auf den verschiedensten Ebenen die Gewißheit verstärkt, man werde mit diesem System immer und überall durchkommen – und die Geschichte, hat ihnen ja bisher auch recht gegeben. Ausländische Althistoriker antiker Geschichte von Mommsen über Burckhardt bis zu Bengtson haben immer wieder bewundert, wie schon die Römer nahezu ihr gesamtes politisches System auf Improvisation und laienhafte Amtsführung stützten und dabei doch zur Weltmacht wurden. Die republikanischen Organe z.B., die nach dem Sturz der etruskischen Fremdherrschaft im 5. Jahrhundert vor Christus eingerichtet wurden, blieben bis auf die Einführung des Volkstribunen bis zur Kaiserzeit unverändert – an die fünfhundert Jahre. Sie genügten für die Kleinstadt mit allenfalls tausend Einwohnern wie für das Weltreich mit damals unvorstellbaren 80 Millionen Menschen.

Derlei historisch Erprobtes führt natürlich leicht auch zu enthusiastischen Prophezeihungen. Hans Magnus Enzensberger, gewiß kein schlechter Italien-Kenner, glaubt z.B. in seinem Buch ›Ach, Europa!‹, daß sich der Alte Kontinent bald ganz »italienisieren« wird, weil alleine die Italiener seit jeher gewohnt sind, mit einem unzureichenden politischen, sozialen, ökonomischen System auszukommen – ganz so, wie es sich nach allen Prognosen auch im übereilt geeinten Europa entwickeln wird.

Doch auch was jahrhunderte- oder gar jahrtausendelang hielt, muß nicht unbedingt ewig bestehen; und wenn nicht alles täuscht, gilt es nun doch Abschied zu nehmen von diesem »Modell Italien« – gerade in Italien selbst. Erstmals in seiner Geschichte steht das Land nämlich vor einer Situation, in der die bewährten Methoden des Durchwurstelns und Phantasierens nur noch schwer als Überlebensrezept vorstellbar sind.

Anders als in den letzten Jahrzehnten, wo sich Schlitzohrigkeit und die Fähigkeit zur Selbsterhaltung landesintern oder, wenn das nicht klappte, durch Emigration in reiche Staaten umsetzen ließen, gerät das Land selbst nun vom Ausland her unter starken Druck. Auf der einen Seite ergießen sich aus den südlichen Mittelmeeranrainern, den sogenannten Maghreb-Staaten (Marokko, Algerien, Tunesien, Libyen, Ägypten), und auch schon aus Innerafrika, unerschöpfliche Einwandererströme ins Land. Andererseits sind die Italiener im Gegensatz etwa zum Altertum oder während des Handels-Booms der Renaissance heute nicht in einer Herrscher-Position, sondern müssen spätestens ab der europäischen Grenzöffnung 1993 in den Wettbewerb mit den starken Ländern ringsumher eintreten – politisch, wirtschaftlich, gesellschaftlich und auch in ihrer Alltagskultur.

Erstmals hören die Italiener, bis vor kurzem bei den nationalbewußten Südländern unvorstellbar, von ihren Ministern und Regierungschefs immer häufer: Wir können dies oder jenes nicht tun, weil es die EG-Kommission verboten hat, oder auch: da die Deutschen nicht damit einverstanden sind, die Franzosen Nein gesagt, die Engländer Einsprüche erhoben haben, müssen auch wir uns fügen.

Bis vor kurzem stieß derlei im Lande überwiegend auf den Wurstigkeitslaut »Mboh«, was etwa »Nawennschon« bedeutet. Heute hört man diesen Ton kaum mehr – statt dessen werden alle, die man für kompetent hält, mit eher bangen Fragen überhäuft, wie es weitergehen soll. Der alte Camillo Pietrosanti grübelt da über dieselben Probleme nach wie der junge Francesco Censi: Auf was müssen wir uns alles einstellen?

Die Angst, der Zukunft nicht zu genügen, beherrscht erstmals die Presse ebenso wie den Alltag. Daß es in Europa künftig Staaten Erster, Zweiter, Dritter Klasse geben soll, finden die Italiener grundsätzlich nicht schlimm; wohl aber, daß ihnen selbst der Abstieg droht. Bemerkenswert daran ist auch, daß solche Drohungen eher kleinlaut entgegengenommen werden. Bis vor wenigen Jahren wäre derlei von einer Welle nationalen bis nationalistischen Protestes geradezu weggespült worden. »Der eingezogene Schwanz«, spottet die Tageszeitung ›il manifesto‹, »ist zum Markenzeichen Italiens geworden«. Hier hat sich Entscheidendes geändert.

Noch in den 60er und 70er Jahren waren Italiens Regierungschefs stolz genug, sich alle ausländischen Ratschläge für die Abwicklung inneritalienischer Vorgänge scharf zu verbitten. Unvergessen, wie der Christdemokrat Aldo Moro seinen ansonsten geschätzten deutschen Amtskollegen Ludwig Erhard mit einem knappen »Dann eben nicht« abfahren ließ, als dieser ihm Bedingungen für Sanierungshilfen diktieren wollte. Helmut Schmidt, obwohl in Italien als besonders gewiefter Ökonom angesehen, holte sich ein Jahrzehnt später dieselbe Abfuhr.

Inzwischen regiert in Berlin der südlich vom Brenner bei weitem unbeliebteste deutsche Kanzler Helmut Kohl, doch was er für Europa verfügt, wird in Italien kaum einmal kritisiert; man karikiert ihn mit preußischen Stiefeln und Pickelhaube – und folgt ihm doch geradezu servil.

Der erstaunliche Umschwung ist übrigens nicht nur bei den Regierenden zu beobachten, sondern im ganzen Volk.

Zwar liebt noch lange niemand die Deutschen; seit sie nach ihrer Wiedervereinigung mitunter noch präpotenter auftreten als vordem, ist der Widerwille gegen uns eher noch gestiegen. Doch was in Italien immer deutlicher durchscheint, ist jenes starke Gefühl, nicht für die Zukunft gerüstet zu sein, tatsächlich bereits längst zur zweiten oder gar dritten Garnitur zu gehören; und das meint man offenbar, jedenfalls in den kommenden Jahren, nur durch Gefügigkeit wettmachen zu können.

Italien traut seinen eigenen Fähigkeiten nicht mehr. All das, worauf man gesetzt hatte, was einem bisher auch in schweren Zeiten zumindest das Überleben zu sichern schien, ist den Menschen hier fraglich geworden. Erstmals herrscht so etwas wie Zukunftsangst.

Bestes Zeichen dafür ist die rapide Zunahme von Wahrsagern, Teufelskulten und allem möglichen anderen Aberglauben. Hexenmeister und Scharlatane machen mittlerweile ungeniert und ungestraft Reklame in den Medien, das staatliche Fernsehen RAI hat eine eigene Horoskop-Sendung eingerichtet, die vordem eher bescheidene Zunft der Zukunftsforscher erlebt einen ungeahnten Boom.

Was sich hier manifestiert, ist der Abschied von einer der sicherlich sympathischsten Seiten der *bella Italia*: der Abschied vom Leben in den Tag hinein, von der Improvisation, vom Auskommen mit Halbwissen und Halbkönnen, wobei die andere, mangelnde Hälfte des Wissens und Könnens wettgemacht wird durch Phantasie und Kreativität.

Nun möchte man meinen, daß es ja nicht schlecht sein muß,

wenn zu der Improvisationskraft, zur Imagination und zum Ad-hoc-Entscheiden auch so etwas wie Planung, Organisation, Weiterbildung kommen: Gerade wir Deutschen haben ja das Gefühl, daß uns oft abgeht, was die Italiener so im Übermaß besitzen – Leichtigkeit, Erfindungskraft, Fähigkeit zur Entscheidung auch ohne ausreichende rationale Grundlage.

Nur: so einfach geht das offenbar nicht. Der Preis für Organisieren und Planen, so scheint es, ist die Aufgabe oder weitgehende Reduzierung jener Phantasie und Kreativität, die den Italienern bisher zu eigen war. Ich weiß nicht, ob es eine grundsätzliche Unvereinbarkeit von Illusion und Organisation gibt. Aber sicher ist, daß in Italien erstmals die bisherige Art der sozusagen »irrealen« Lebensrealität in Frage gestellt wird, ohne allerdings einer wirklich rationalen Gestaltungskraft in den verschiedenen Lebens- und Gesellschaftsbereichen Platz zu machen.

IV
Die Zuverlässigkeit der Unzuverlässigkeit

Wieso er ständig Aufträge annimmt, die er nie und nimmer einhalten kann, möchte ich von Raffaele wissen. Andauernd kommen Leute zu ihm in die *ferramenta,* das Eisen- und Haushaltswarengeschäft, und mahnen Versprochenes oder Unerledigtes an; im kleinen Reitstall hinter dem Haus, den Raffaele betreibt, ist es nicht besser: Kunden, die kein Pferd finden, weil alle besetzt sind, oder der Stall geschlossen, obwohl eigentlich Betrieb sein müßte.

Raffaele protestiert erst einmal: »ständig«, das sei doch ziemlich übertrieben, eine ganze Anzahl von Aufträgen führe er ja aus, und Reiten, das sehe man doch, würden doch immer irgendwelche Kunden. Gut, aber jeden Tag kommen auch die Unzufriedenen, Enttäuschten, oder nicht? Raffaele blickt zu Boden, dann kurz in mein Gesicht, dann schüttelt er den Kopf. Vielleicht überlegt er, ob er mich in sein Geheimnis einweihen soll, vielleicht auch nur, ob ich mit meiner teutonischen Denkweise überhaupt imstande sein werde, ihm zu folgen.

Raffaele gehört sicherlich nicht zu den Klügsten im Lande, im Gegenteil, viel vermasselt er durch Unkenntnis oder Denkfehler. Dennoch: Lektionen in *furbizia,* von der Bauernschläue bis zur Schlitzohrigkeit, kann er noch jedem erteilen.

»Die Sache ist so«, sagt er und schüttelt die Hände mit aufgehobenen Fingern vor seiner Brust, was ein Zeichen von Aufrichtigkeit sein soll: »Ich nehme nicht einfach alle Aufträge an, die mir die Leute geben wollen, das ist ganz falsch. Ich nehme sie nur an, wenn mir gleichzeitig schon eine Entschuldigung einfällt für den Fall, daß ich den Auftrag nicht ausführen kann.«

Aber wäre es da nicht irgendwie ehrlicher, dem Kunden gleich den bestehenden Unsicherheitsfaktor mitzuteilen... »Um

Himmels willen!« Raffaele bereut ob meiner Dummheit offenbar bereits, mir sein Geheimnis anvertraut zu haben. »Dann geht der doch sofort in ein anderes Geschäft oder einen anderen Reitstall. Nein, der Kunde muß den Eindruck haben, daß es überhaupt keinen Zweifel an der Erledigung des Auftrags gibt. Wo würde ich sonst bleiben!«

Mag sein. Aber: vergrault er sich auf diese Weise nicht am Ende die Kunden, die dann doch leer ausgehen? Kommt jemand wieder, der sich verschaukelt fühlt? Das, sagt Raffaele, hängt ganz davon ab, »*come sono bravo*«, wie gut ich bin: das heißt, wie gut die Ausrede ist, wie treuherzig er sie anbringt – »und mit welcher Tröstung ich ihn weiter bei der Stange halten kann«. Raffaele rühmt sich eines guten Blicks für die Bedürfnisse seiner Kunden: »Wenn die das nicht kriegen, was ich ihnen versprochen habe, biete ich ihnen eben etwas anderes an, was sie vielleicht nicht so unbedingt haben müssen, aber doch mal brauchen können. Vielleicht nehmen sie das heute nicht – aber ein andermal, oder sie empfehlen mich weiter.« Daß er mit seiner Unzuverlässigkeit einen schlechten Ruf bekommen könnte, schließt er aus – und hat wohl recht. Kunden, die ich auf Raffaele anrede, zucken einfach die Schultern: »Du weißt doch, wie er ist. Unzuverlässig. Aber manchmal schafft er's doch.« Das Entsetzen des Deutschen über einen abgeschlossenen und dann gebrochenen Vertrag kennt kaum jemand: *Cosi fan tutti*, machen ja alle so.

Sprachforscher wie Tullio Di Mauro von der Universität Rom heben das Problem auf eine weitere Stufe: »Sehen Sie, die italienische Sprache, wie leicht sie auch zu lernen ist, hat viele Aspekte, die Ausländer nur selten zu nutzen wissen. So etwa das nachgestellte Adjektiv: im Deutschen sagt man ›ein zuverlässiger Mensch‹, im Italienischen aber *un'uomo affidabile*: zuerst kommt das Substantiv, über das man aussagen will, dann erst dessen Spezifizierung. Deutsche oder Engländer, die italienisch lernen, nehmen das als bloße Stellungsvariation hin, in

Wirklichkeit aber beruht darauf eine ganz andere Denkstruktur.«

Da ist tatsächlich etwas dran, und wer lange im Lande ist und daher viel italienisch spricht, kann es sich nach und nach am eigenen Verhalten und Denken bewußtmachen. Ist man in einem Gespräch z.B. noch unsicher, wie der Partner zu der Sache oder der Person steht, bedeutet die nachgestellte Qualifizierung unter Umständen die Rettung einer Freundschaft oder eines eben anvisierten Geschäftsabschlusses – man nennt den Namen oder den Gegenstand und erkennt sofort am Gesichtsausdruck des anderen, was der davon hält. Das gibt die Möglichkeit, etwa die beabsichtigte Lobeshymne abzumindern, man kann das *affidabile* weglassen, wenn sich das Gesicht des Partners bei dem entsprechenden Namen verfinstert, und abwarten, was er von sich aus dazu sagt. Das mag mitunter opportunistisch erscheinen, in Wirklichkeit aber kann man damit unzählige Affronts, Beleidigungen, auch Mißverständnisse vermeiden – bei einem Volk, das so kommunikativ ist und so viel spricht wie die Italiener, vielleicht wirklich eine Grundnotwendigkeit. »Natürlich kann man nicht alles verallgemeinern,« sagt Tullio Di Mauro, » aber es gibt unzählige Fälle, wo ein derartiges Denken nützlich ist. Warum soll man z.B. in einem Gespräch, das sich um etwas ganz anderes dreht, auf der eigenen Einschätzung in einer Nebensache beharren, wenn man durch Weglassen des Adjektivs eine völlig unangemessene Wende des Gesprächs vermeiden kann. Und oft zeigt sich ja auch, daß man wirklich erst mal hören sollte, was der andere dazu sagt, ehe man sein Vorurteil herausläßt.« Dagegen läßt sich wenig sagen.

Man kann die Aussage eines Satzes noch völlig verändern, während man ihn bereits ausspricht. Diese Durchhaltung ist es wohl, die auch Raffaeles Handeln bestimmt: den Auftrag erst mal annehmen – ob er ausgeführt wird oder nicht, entscheidet sich später, wichtig ist, bereits das mögliche Repertoire an Entschuldigungen parat zu haben.

Derlei hat den Italienern allseits den Ruf von Unpünktlichkeit, Unzuverlässigkeit und oft auch Treulosigkeit eingebracht; doch nichts ist unzutreffender als eine derartige Annahme. Man kann mit diesem System genauso zurechtkommen wie mit der immer korrekten Welt des Mitteleuropäers. Das einzige, was man sich abgewöhnen muß, ist der Glaube, das Leben funktioniere nur dann, wenn sein Verlauf wie ein Fahrplan organisiert ist. Wo wir Deutschen in unserem minutiös durchgeplanten Alltag bei fehlender Belieferung oder ausbleibender Auftragserledigung zu Recht unabsehbare Folgen für dutzenderlei weitere Vorgänge sehen, ändert sich in Italien im analogen Fall kaum etwas, oft überhaupt nichts. Italiener sind gewohnt, ihre Projekte mit unendlich viel »Luft« zu versehen, statt der vier tatsächlich nötigen Arbeitstage setzen sie für die Erledigung schon mal eine Woche, vielleicht auch mehr an – »irgendwas klappt ja bestimmt nicht«. Das gibt Zeit zur Muße auch während der Arbeit, zum Plaudern, zum *Caffé ristretto*, und wenn man wirklich früher fertig wird, hat man hintennach eben ein paar Tage zur freien Verfügung – wenn man einen weiteren Auftrag hat, kann man den erledigen, oder man kann zu Hause die längst fällige Reparatur erledigen – oder auch einfach nichts tun (was übrigens, im Gegensatz zu ihrer Fama, den Italienern viel schwererfällt als uns Deutschen: schon der Neapelfahrer Goethe bemerkte, daß die Italiener von klein auf immer irgend etwas tun, basteln, werkeln müssen, nie wirklich ruhig sind).

Das italienische Denksystem gestattet nun aber nicht nur viel mehr Kommunikation und führt zu viel weniger Streß: es trägt auch viel stärker den Unvorhersehbarkeiten des Lebens und einer freieren, phantasievolleren Gestaltung der Arbeit Rechnung als unser lückenloses Planen. Wer einmal zusammen mit Italienern ein Haus gebaut oder irgend etwas gebastelt hat, wird sich der geradezu überschäumenden Ideenflut erinnern, die das Projekt ständig verändern, umdefinieren, verschönern will.

Doch all das geschieht nur während der Realisierung, kaum einmal vorher, während der Planung. Was am Ende herauskommt, bleibt dadurch offen, doch meist ist es etwas viel Besseres, Originelleres, jedenfalls Unerwartetes. Auch dies ist eine Folge der anderen Denkstruktur: während wir das Projekt auf dem Reißbrett bis zur letzten Schraube durchkonstruieren, ist für die meisten Italiener zunächst einmal nur wichtig, daß man in etwa weiß, wo man anfängt und was am Ende ungefähr herauskommen soll. Alles andere regelt man oder regelt sich während der Arbeit.

Und das ist auch einer der Vorteile dieses Systems: Oft erübrigen sich Aufträge oder Befehle, Ängste und Befürchtungen sozusagen von selbst. »Die Leute bestellen etwas oder merken sich für eine Reitstunde vor«, sagt Raffaele, »und dann hört und sieht man nichts mehr von ihnen.« Was soll er sich da verrückt machen, bevor die wiederkommen und auf den Auftrag pochen – sich ducken und die Ausrede anführen kann man dann immer noch.

Wo jeder weiß, daß der andere seine feste Zusage schon mit einer möglichen Ausrede verbindet, sinkt auch die Bereitschaft, sich wegen mangelnder Ausführung zu streiten. Viel eher als bei uns, wo zunächst die Welt zusammenbricht, kommt man in Italien zur viel wichtigeren Frage: was nun? Nur sehr selten kommt da jemand mit der Androhung von Konventionalstrafen daher oder beschimpft den anderen stundenlang. Der Realitätssinn besagt dem Durchschnittsitaliener sofort: nun gut – oder schlecht –, der hat den Auftrag nicht ausgeführt, das Zeug nicht bekommen, es ist also überflüssig, darüber zu lamentieren, ebenso wie es überflüssig ist, über die Motive des Nichtausführens zu räsonieren. Wichtig ist, daß man von der neuen Lage ausgeht und die eigene Sache nun doch weiter vorantreibt. In erstaunlich vielen Fällen kommt so ganz schnell wieder ein konstruktives Gespräch zustande, wo beide gemeinsam eine Lösung finden. Ein Phänomen, das Ausländern immer wieder auffällt und meist unbegreiflich bleibt: da streiten die beiden zuerst einmal heftig, kommen dann ganz unversehens zur Ruhe, finden ein vernünftiges Gespräch und lösen den Fall ohne jedes Ressentiment. Natürlich klappt das nicht immer, und dauerhafte Feindschaften aufgrund eines Vertragsbruches sind auch in Italien nicht unbekannt. Dennoch ist die Bereitschaft zum Weitermachen auch nach Mißerfolgen das ohne allen Zweifel vorherrschende Denkmuster.

So ist Italien ein an Ausreden reiches, vielleicht das reichste Land überhaupt. Natürlich kommt uns die tägliche Entschuldigung mit dem Straßenverkehr, der einen wieder mal zwei Stunden aufgehalten hat, ziemlich lächerlich vor. Doch in Italien ist das eine allseits akzeptierte Formel, die immerhin beweist, daß der Betreffende sich seines *ritardo*, seiner Verspätung bewußt ist, ihm das offenbar auch nicht gleichgültig ist. Die Sache selbst – der Verkehr, dem man ja vielleicht durch einen zeitigeren Aufbruch von zu Hause entkommen könnte – wird nicht diskutiert; es hätte ja auch keinen Sinn mehr, der Erwarte ist ja nun endlich da. Strenge Mißbilligung oder gar Bestrafung, die wir in der Hoffnung auf künftige Besserung als pädagogisches Moment sehen, kommt in Italien kaum jemandem in den Sinn – man hält derlei für ziemlich lächerlich, denn dann wird sich der Zuspätkommende eben künftig eine andere Ausrede einfallen lassen, vergebliche Mühe also.

Doch aus genau diesen Verhaltensmustern entsteht nun ein großes Problem für die Italiener – es wurzelt in der unaufhaltsamen Internationalisierung aller Geschäfte und oft auch des Alltags. Solange jeder von jedem weiß, was er von verbindlichen Versprechen zu halten hat, solange die Menschen sich für ihre Projekte Zeit nehmen (können) und gar nicht erwarten, mit irgendeiner Arbeit pünktlich fertig zu werden, klappt alles vorzüglich. Doch nun stehen die Italiener plötzlich mitten in einem internationalen Zusammenhang und können nur bei sehr wenigen EG-Mitgliedern – faktisch nur bei denen, die ähnliche Strukturen haben – auf Verständnis hoffen. Unpünktlichkeit oder mangelnde Auftragsausführung führt zu Konventionalstrafen oder/und Auftragsverlust, da mag die Entschuldigung noch so originell und vielleicht sogar berechtigt sein. Das Durchwursteln und Improvisieren wird unmöglich: Wer wirklich mit den Nachbarn ins Geschäft kommen will, muß die Projekte vorab durchdenken und kann nicht während der Realisierung mit guten Einfällen daherkommen, so schön und für das Ergebnis nützlich sie auch sein mögen. Nachbesserungen sind nur selten möglich.

In der Politik, in der Wirtschaft, im sozialen Bereich wird diese neue Lage immer fühlbarer; gleichgültig ob es um die Einhaltung von EG-Normen, um Auslandsaufträge oder – seit dem Zuströmen von Millionen billiger Kräfte – um den Arbeitsmarkt geht. Noch in den 80er Jahren konnten es sich die einander lösenden Regierungen leisten, die von ihnen selbst nach der Dioxin-Katastrophe von Seveso 1976 eingebrachten europäischen Umweltschutzgesetze einfach nicht zu ratifizieren und auf notwendige Nachüberprüfungen zu verweisen; Anfang der 90er Jahre mußte es dann ruckzuck gehen – die EG drohte, die geldbringende Öko-Bank nicht nach Mailand zu verlegen. Die Wirtschaft vermochte ihre Ware, von Autos über Kleider bis zu Computer, durch die jahrzehntelang unübertroffene Warenästhetik in aller Welt zu lancieren, und als sich herausstellte, daß viele dieser Produkte enorm störanfällig waren und die Italiener – ans Detail denken wir ja erst nachher – mit Ersatzteilen faktisch immer in Verzug waren, erschlossen sich die Trusts neue Märkte durch Dumping-Angebote. Doch mittlerweile sind auch diese erschöpft, seit man bei der Frage der Kontinuität wieder an die bekannte Schwelle der Ersatzteile und der Wartung stieß. Den Managern war dennoch nicht bang: Gerade rechtzeitig hatte sich der Ostblock geöffnet, fiel die Mauer, sah man in den Aussteigern aus dem Realsozialismus potente Warenkäufer. Freilich erwiesen sich die neuen Kunden inzwischen als zahlungsunfähig – und kaufen auch lieber bei den wirtschaftlich potenteren Nachbarländern wie Deutschland, Frankreich und England, die ihrerseits die Italiener mit Hinweisen auf die Zuverlässigkeit ihrer Lieferungen verdrängen.

In der Wahlkampagne 1992 zog der Vorsitzende der industrienahen Republikanischen Partei, Ugo La Malfa, mit genau den hier angeführten Argumenten durch die Lande: Der Gemeinsame Markt und auch alle anderen internationalen Beziehungen erforderten eine neue Denkweise und damit auch eine neue Führungsschicht. Man könne eben nicht mehr unter dem Motto des Durchwurstelns hantieren, sondern müsse, wie viele andere Länder auch, sauber projektieren und sich an die einmal vereinbarten Vorgaben halten. Die Zeit für einen gründlichen Wechsel in allen Kommandostellen, aber auch für eine Umstellung der nationalen Mentalität, sei reif.

Der Philosoph Lucio Colletti antwortete ihm darauf in einem langen Artikel des Magazins ›L'Espresso‹: La Malfa habe völlig recht, Italien stehe mit seiner derzeitigen wirtschaftlichen, mehr noch aber mentalen Struktur am Rande der »Ausmusterung« in eine der niedrigsten Konkurrenzklassen.

»Doch wo, bitte«, fragt Colletti am Ende seines Artikels, »willst du denn die neuen Leute, die neue Führungsschicht hernehmen – und wie die notwendige neue Denkweise in der erforderlichen Breite in unsere Landsleute hineinbringen, und das auch noch in der kurzen Zeit bis zur Vervollständigung der Internationalisierung? Unsere hergebrachten Verhaltens- und Geschäftsmuster sind so tief in uns verwurzelt, daß an einen hinreichend schnellen Wandel nicht zu denken ist.«

Immerhin: das Thema ist nun doch auf die Tagesordnung gekommen. Wobei ich nicht entscheiden möchte, was denn die bessere Perspektive ist: ein Mitmachen um jeden Preis, auch den des Verlustes all jener erwähnten kommunikativen und streßabbauenden Aspekte – oder eine Herabstufung in der internationalen Wirtschafts- und Polithierarchie.

Sicher ist allerdings eines: Die Erkenntnis, daß von außen her ein Wandel gefordert ist, dringt unaufhaltsam in die Gemüter der Italiener ein.

Bisher provoziert das freilich weniger Phantasien, wie man derlei angehen müßte, als vielmehr Mißtrauen oder auch Wut jenen gegenüber, die man von Amts wegen als Wegweiser betrachtet und denen man sich nun ein weiteres Mal ausgeliefert fühlt, wenn die Verhältnisse angepaßt werden müssen. Wobei die Kaste der kleinen und großen Entscheidungsträger ihrerseits, und wieder nicht ganz zu Unrecht, darauf verweist, welch zurückgebliebenen Apparat sie da reformieren sollen, und unter welche schwierigen Umständen sie da nun gefordert sind.

V
Mißtrauen und falsche Fünfzigtausender

Der Mann vor uns schiebt den Hut in den Nacken. »Was ist denn das?« fragt er ins Innere des Schalterraumes. Seine Worte sind nur schwer verständlich, da fehlen wohl einige Zähne.

Der Postbeamte läßt sich die Frage wiederholen; das Panzerglas verzerrt die Stimme, außerdem versteht er den Sinn nicht: »Ihre Rente«, sagt er dann, »Sechshundertdreiundsechzigtausend Lire. Ich hab sie Ihnen doch vorgezählt. Stimmt was nicht? Ich zähle sie noch mal vor.« Der Schalterbeamte ist Kummer gewöhnt und legt gottergeben noch einmal Schein für Schein in die Geldschale. »Richtig?«

Der Alte schüttelt den Kopf und sagt gleichzeitig: »Richtig schon. Aber lauter Fünfzigtausender.«

»Ja. Und?«

»Sind die auch echt?«

»Natürlich sind sie echt. Seien Sie beruhigt: die sind echt.«

»Man hört aber so viel von gefälschten Fünfzigtausendern. Erst gestern im Fernsehen... Warum geben Sie mir nicht einfach Hunderttausender?«

»Weil ich keine mehr habe. Alle wollen Hunderttausender, aber auch die gehen mal aus.«

»Und warum soll ausgerechnet ich die Fünfzigtausender bekommen, wo alle Hunderttausender kriegen?

»Weil die Fünzigtausender genauso echt sind. Ich versichere es Ihnen.«

Der Alte schiebt seinen Hut wieder in die Stirn; keiner der gut zwanzig Anstehenden findet etwas dabei, daß sich dieser Dialog entwickelt. »Sie können mir viel versichern. Aber wenn ich das Geld morgen ausgebe und ein falscher Fünfzigtausender ist dabei, wandere ich ins Gefängnis, nicht Sie.«

»Dann sagen Sie doch, daß Sie den Schein von mir haben.«

»Und wer wird mir das glauben?«

»Hören Sie, hinter Ihnen stehen viele Leute an, es ist Samstag, wir schließen in einer halben Stunde, außerdem kommt ein Gewitter, da fällt der Strom vielleicht auch noch aus und der Computer klappt zusammen. Also was soll ich machen? Wollen Sie am Montag wiederkommen, da lege ich dann Hunderttausender für Sie bereit.«

»Gut. Dann komme ich am Montag vorbei.«

»Also dann, auf Wiedersehen. Der nächste bitte.«

Das sind meine Frau und ich. Aber da ist der Alte mit dem Hut da. »Dann müssen Sie mir aber meinen Rentenabschnitt zurückgeben, bitte«, sagt er.

Der Postbeamte verdreht die Augen. »Die habe ich doch schon eingegeben und gebucht. Die muß ich heute dabehalten, weil ich sonst nicht auf Montag umbuchen kann und die Kasse nicht stimmt. Sehen Sie, da muß ich jetzt einen Vermerk draufschreiben ›Nicht ausgezahlt‹ und in die Kasse legen«, er tippt auf die Tastatur, »und jetzt habe ich es auch im Registriercomputer storniert, so nennt man das. Sehen Sie selbst.« Er dreht das Gerät um und zeigt die Eingabe.

Der Alte nickt und schüttelt dann den Kopf. »Davon verstehe ich nichts. Wenn ich am Montag wiederkomme, habe ich aber keine Karte, die ich hier vorlegen kann.«

»Da kommen Sie doch sowieso zu mir. Das gibt keine Schwierigkeiten«.

»Und wenn Sie nicht da sind?«

Die Umstehenden nicken: das Problem leuchtet ein. Der Beamte hebt die Hände zum Himmel. »Lieber Gott, ich bin aber da.«

»Sie können doch krank werden.«

»Dann sind meine Kollegen da, sehen Sie, die da ringsum, die haben doch alles mitgekriegt und wer dann an meiner Stelle ist, gibt Ihnen das Geld. Die merken sich schon, wie das heute mit

Ihnen war. Seien Sie beruhigt. Aber wenn Sie wollen, schreibe ich Ihnen jetzt schnell eine Bestätigung.« Er dreht sich um, nimmt ein Blatt, spannt es ein, schreibt einige Zeilen, zieht es heraus und unterschreibt es.

Der Alte schüttelt bedächtig den Kopf. »Hören Sie, es ist mir einfach lieber, daß das alles seine Ordnung hat. Geben Sie mir meine Rentenkarte wieder.«

»Das geht jetzt wirklich nicht mehr, ich habe alles eingetippt.«

»Gut, dann geben Sie mir das Geld.«

»Aber das wollten Sie doch gerade nicht...«

»Es ist mir aber lieber, selbst wenn falsche Fünfzigtausender darunter sind, als wenn ich dann am Montag nicht weiß, ob mir jemand das Geld gibt.«

»Jetzt habe ich aber alles storniert, alles für Montag vorbereitet, Himmel noch mal, ich kann doch nicht noch einmal alles umschreiben, die im Rentenamt halten mich ja für verrückt.«

»Also ich geh hier nicht raus ohne mein Geld.«

Es dauert noch eine Viertelstunde, bis alles wieder rückgängig gemacht ist und der Alte mit seinen dreizehn großen und paar kleinen Geldscheinen abzieht. »Man weiß ja nie«, sagt er und erhält beifälliges Gemurmel.

Inzwischen sind wir dran: Wir müssen, das geht auch nur per Postamt, die Fernsehgebühren bezahlen. Da wir bisher kein Abonnement hatten, ist es eine Neueinschreibung; der staatliche Rundfunk RAI hat uns dafür einen Brief und ein Formular geschickt, das wir ausfüllen mußten, dann ist der vom Sender angegebene Abonnementspreis von 142 000 Lire zu entrichten.

Der Beamte lächelt erfreut, mit uns hat er keine solchen Schwierigkeiten wie mit dem Alten von der Rente. Dann stutzt er. »Wieso 142 000 Lire? Entweder 149 000 oder 139 000, wir sind doch schon im Februar.«

»Tut mir leid, das hat mir die RAI geschrieben. 142 000 Lire.«

»Das ist aber nicht richtig. Entweder...« Er wendet sich zu einem Kollegen, dann zum Amtschef: »149 000, wenn's vom

Januar an läuft, oder 139 000, wenn's vom Februar an sein soll. Leider hat der« – der, das bin ich – »›Januar‹ draufgeschrieben, aber dann stimmt der Preis auch nicht.«

Die Anstehenden murmeln: das Problem ist klar, eine Lösung nicht in Sicht. Der Amtschef rückt seine Brille zurecht, studiert das Formular, sagt »strano« (merkwürdig), ohne zu klären, was er merkwürdig findet. Die gerade tätigen vier Beamten des Postamtes von Borgo Hermada, Gemeinde Terracina, halten in ihrer Arbeit inne: sie erkennen, daß die Sache ernst ist, sehr ernst.

Ich versuche eine Kompromißlösung: »Ach, wissen Sie, mir ist es gleich, ich hab jetzt nur wenig Zeit. Machen Sie eine neun aus der zwei, und der Fall hat sich. Es kommt mir nicht auf die paar Lire an.«

Du lieber Himmel! Vor solcher Vergeudung ist unser Beamter vor. »Sie werden doch nicht einen ganzen Monat mehr bezahlen, wenn Sie erst im Februar das Gerät bekommen haben.«

»Doch, wenn ich damit von hier fortkomme, schon.«

»Gut, wie Sie wollen. Aber 149 000 kann ich dann auch nicht akzeptieren. Nur 139 000, weil wir ja schon Februar haben. Sonst denken die bei der RAI sicher, ich wäre verrückt und würde falsche Tarife nennen.«

»Also dann bessern Sie's auf 139 000 aus.«

»Ich versuch's.« Er malt im Formular herum, dann schüttelt er den Kopf. »Das geht nicht, das kann dann keiner mehr lesen. Wir müssen ein neues Formular ausfüllen.«

»Gut, dann geben Sie mir eines.«

»Ein solches, wie Sie da mitgebracht haben, habe ich leider nicht. Nur ein normales.«

»Gut, dann malen wir's da drauf.«

»O.K., ich mach's für Sie.« Ich bin dankbar, denn meine Brille ist, wie üblich, zu Hause, und meine Frau, mitgekommen, um zu lernen, füllt sowieso nicht gerne Formulare aus. Der Beamte schreibt alles genau ab, es dauert gute fünf Minuten. 139 000 rechts im Postabschnitt, 139 000 im Quittungsabschnitt rechts. Ich reiche das Geld hinüber. Er liest sein Werk noch einmal durch. Dann seufzt er, hebt die Schultern, schüttelt den Kopf, legt das Papier unschlüssig vor sich auf den Tresen.

»Ich möchte nur wissen, warum die von der RAI 142 000 Lire geschrieben haben. Sind Sie sicher, daß es 142 000 Lire waren?

»Ganz sicher. Ich kann Ihnen den Brief bringen.«

»Wissen Sie, dann machen wir einfach auch 142 000 Lire. Die werden schon wissen, warum sie das verlangen. Ist ja nicht meine Schuld, wenn die falsche Preise nennen. Oder?«

Das Problem ist nur, daß das Originalformular nun durch das Hineinmalen verdorben ist. Wir müssen also ein weiteres ausfüllen, mit nagendem Gewissen, wie ich beim Beamten bemerke: Beim Originalformular hätte er sich besser auf die Schuld der RAI hinausreden können. Als er mich endlich entläßt, hat er den Ausdruck eines Menschen, der für die folgenden Nächte schwere Alpträume erwartet. Dennoch sagt er tapfer, als ich ihm meine Anerkennung bekunde für die endlich beendete Amtshandlung: »Ist doch klar. Mache ich doch gerne für Sie.«

VI
Angst vor Europa

Die beiden Dialoge, von denen nicht ein Wort erfunden ist, machen nur auf den ersten Blick den Eindruck, als stammten sie von Karl Valentin oder Luigi Pirandello. In Wirklichkeit stehen dahinter genau jene Probleme, mit denen das heutige Italien so mächtig zu kämpfen hat.

Eine in ihrem Verhalten teilweise noch dem verflossenen bäuerlichen Jahrhundert zuzurechnende Bevölkerung, eine sich zwar redlich mühende, aber am Ende doch unfähige Bürokratie, ein undurchschaubarer Dschungel von Vorschriften, Regeln, Gesetzen und Ausführungsbestimmungen, mit denen auch der beste Beamte nicht mehr zurechtkommt, und täglich kommen neue Anweisungen dazu.

Gründe für diese sich in ihrer negativen Wirkung verstärkenden Phänomene gibt es genug. Die italienische Einigung im vorigen Jahrhundert vollzog sich, ähnlich wie die deutsche derzeit, ohne ausreichende Vorbereitung. Völlig unterschiedliche Regionen wurde da zusammengefügt, der Norden diktierte die politischen Bedingungen, der Süden suchte sich mit Hinhaltetaktik und unterschwelliger Gegenmacht – die dann in Mafia und Camorra ausartete – zu behaupten. Rom als Zentrum wurde mehr administrativer denn struktureller Mittelpunkt. Eine gezielte Modernisierungspolitik gab es nie, die Schere zwischen den verschieden entwickelten und kulturell unterschiedlich aufgebauten Gebieten klaffte immer weiter.

Ein Großteil der Landbevölkerung lebte noch in den 50er Jahren dieses Jahrhunders wie Leibeigene, Selbständige Handwerker und Bauern benutzten oft noch Geräte aus dem vorigen Jahrhundert. Ihre Söhne wanderten häufig aus, die Alten wurstelten weiter, bis sie die karge Rente erhielten. Die Höfe verfielen. Rentable Güter gibt es zwar inzwischen, doch die Bevölkerung nahm am Neuaufbau der Landwirtschaft kaum teil: Agrarbetriebe setzen heute mehr Maschinen als Menschen ein.

Die Beamtenschaft, Kernstück jeder modernen Verwaltung, ist in dem gleichen Maße wie der Bauernstand zurückgeblieben. Die dünne Schicht Gebildeter und Begüterter, meist in den Großstädten und überdies im Norden residierend, kam bis vor kurzem gar nicht auf die Idee, ihre Sprößlinge für den öffentlichen Dienst ausbilden zu lassen, man setzte auf Jura oder Betriebswirtschaft, um Manager heranzuziehen, zum Staat ging man nur, wenn der eine hochdotierte Stelle in einem seiner Industrieunternehmen, einer seinen Banken oder Liegenschaften anbot. In der Mittelschicht galten Selbständigkeit oder der einnahme- und karriereträchtige private Dienstleistungssektor als Wunschziel für den Nachwuchs, in den unteren Klassen sah man allenfalls den uniformglänzenden Carabiniere als erstrebenswerte Laufbahn an, nicht aber den Schreibtischhengst im Kataster- oder Gesundheitsamt. Erst mit dem Verlust hunderttausender traditioneller Arbeitsplätze auf dem Land und in veraltenden Handwerks- und Industriebetrieben, vor allem aber mit dem Vormarsch der einst aufs Haus beschränkten Frauen auf dem Arbeitsmarkt, wurde auch die Stelle beim Staat interessant. Doch die wurde dann lange Zeit nicht von dafür ausgebildeten Personen besetzt, sondern über die berühmten *lettere di raccomandazione,* die Empfehlungsschreiben, durch die Klientel örtlicher oder regionaler Parteifürsten und Notabeln.

Die Bearbeitung amtlicher Vorgänge unterblieb so meist schon deshalb, weil die meisten Beamten gar nicht wußten, was sie mit den Anträgen sollten. So entschloß sich eine der Mitte-Links-Regierungen in den 70er Jahren zu einem Gewaltstreich und machte für alle öffentlichen Stellen Ausschreibungen verbindlich. Da aber stellte sich sogleich das Problem, nach welchen Kriterien denn die Auswahl erfolgen sollte: Zeugnisse gab es in solcher Menge, gefälscht für wenige Lire, auf dem Schwarzmarkt zu kaufen, daß niemand sich darauf verlassen wollte. Also führte man Bewerbungsprüfungen ein. Jeder Aspirant muß nun ein Extraexamen absolvieren, gleichgültig, ob er Novize ist oder schon zwei Dutzend erfolgreiche Jahre auf einem entsprechenden Posten absolviert hat.

Da die Stellen knapp und die Bewerber zahlreich sind, gab es mitunter mehr als hunderttausend Bewerber für ein paar hundert Stellen – in einem Fall mußten an die fünftausend Korrektoren ein volles Jahr lang die Examensarbeiten für sechshundert Finanzamts-Posten bewerten. Als sie durch waren und die Prüfungsbesten angeschrieben wurden, stellte sich heraus, daß gut zwei Drittel davon bereits anderweitig untergekommen waren; also griff man auf die weniger guten zurück. Da mit den Anschreiben und Warten auf Antwort bereits wieder Monate vergingen, waren auch von den Nachrückern schon viele vergeben, also ging es weiter – bis alle Plätze besetzt waren verflossen fast vier Jahre. Ein Großteil der Posten war inzwischen überflüssig geworden, weil die Finanzverwaltung umstrukturiert worden war – aber da die Kandidaten die Stellen gewonnen hatten, sitzen sie noch heute drauf.

Daß Beamte an ihrem Job, selbst wenn sie ihn noch in einigermaßem attraktivem Alter und ohne lange Wartezeiten bekommen, nur wenig Freude haben, rührt wiederum von der völlig verqueren und undurchschaubaren Art her, in der in Italien Gesetze erlassen und Behörden organisiert werden.

Mehr als ein Drittel aller Gesetze, die in Italien zur Geltung kommen, wird zunächst nicht auf dem normalen, dem legislativen Weg über das Parlament verabschiedet, was einige Zeit dauert und gewährleistet, daß sich die Betroffenen auf die Neuerungen vorbereiten: statt dessen werden seit Jahrzehnten die allermeisten neuen Normen als sogenannte Gesetzesdekrete eingeführt. Die sind an sich für Notfälle vorgesehen und müssen daher nur vom Ministerrat verabschiedet werden. Sie wirken mitunter fast nur wie ein Konzept (tatsächlich bemerken Kritiker dann erstaunt, daß man in der Eile die Finanzierung vergessen hat) und gelten dennoch drei Monate, wie ein reguläres Gesetz. Werden sie innerhalb eines Vierteljahres vom Parlament nicht gebilligt, ist eine einmalige Verlängerung für ein Vierteljahr möglich, ansonsten werden sie außer Kraft gesetzt – nicht aber die Konsequenzen, die inzwischen daraus entstanden sind.

Mit denen haben sich die Beamten noch jahrelang auseinanderzusetzen, und junge Nachrücker müssen sich mitunter von gestandenen Steuerzahlern oder Antragstellern Dekrete vorhalten lassen, die irgendwann mal vor sieben oder fünzehn Jahren gegolten haben und nach denen diese oder jene Sache zu bearbeiten gewesen wäre. Ein Kuddelmuddel, in dem sich auch tüchtige deutsche Beamte, berühmt für ihre administrative Versiertheit, bald verirren würden. Europarechtler und Mitarbeiter ausländischer Botschaften und Konsulate in Italien können ein Lied davon singen.

Dazu kommt die sehr unterschiedliche Ausstattung der Ämter: ein Teil sieht noch immer wie eine Art Verlies aus, grau, schmucklos (wenn man vom Bild des Staatspräsidenten absieht, das überall prangt) und ohne hinreichende Geräte, in vielen Büros steht nicht einmal eine Schreibmaschine. Andere sind supermodern eingerichtet, mit Klimaanlage, allerneuesten Computern, Fax und Fernschreibern; vor den Schaltern ist Panzerglas mittlerweile fast schon zum Statussymbol eines funktionierenden Amtes geworden – es beweist, welch wichtige, ja gefährliche Vorgänge hinter dem Fenster zu bearbeiten sind.

Doch die Klimaanlage quietscht wegen mangelnder Wartung – dafür hat man keine Kosten eingeplant –, der Computer funktioniert nur gelegentlich, weil in Italien immer noch häufig der Strom ausfällt und die Geräte aus Ersparnisgründen keinen Notstrom besitzen, oder weil die total überlasteten, aber täglich mit neuen Anschlüssen weiter überfüllten Telefonleitungen zusammenbrechen. Und das Panzerglas ist von jener altmodischen Art, die nach kurzer Zeit bereits Risse bekommt und sich verfärbt.

Daß so beim Bürger kaum Vertrauen zum Beamten und zum Staat insgesamt entsteht, ist nicht verwunderlich. Und dennoch liegt die gegenseitige Ablehnung zwischen Normalbürgern und Beamten bzw. Politikern nicht nur im mangelnden Funktionieren anderwärts selbstverständlicher Dienstleistungen. Vielen Italienern ist klar, daß die mangelnde Durchsetzungskraft der Bürokratie auch ihre »positiven« Seiten hat – man kann an allen möglichen Stellen durchschlupfen, tricksen, sich mit den meist schlechtbezahlten Beamten arrangieren. Die antistaatliche Einstellung rührt nicht aus einer prinzipiellen Aversion gegen schlechte Organisation – vielmehr kommt hier eine uralte, niemals so richtig artikulierte Tradition zum Ausdruck. Sie reicht zurück in die Antike, und sie galt auch in Epochen, in denen die Verwaltung gar nicht so schlecht funktionierte. Das Land, das einst den Rechtsstaat erfand (so daß unser eigenes deutsches System noch immer auf dem »römischen Recht« beruht) – dieses Land hat nie Liebe zum Staat entwickelt, im Gegenteil. Die ›Annalen‹ des Tacitus berichten ebenso von massivem Beamtenhaß wie die Briefe des jüngeren Plinius, der selbst Statthalter war, und dies in einer der »geordnetsten« Zeiten des römischen Reiches, unter Hadrian. Der Historiker Cassius Dio, der Schriftsteller Petronius in seinem lästerlichen ›Gastmahl des Trimalchio‹, der fundamentalistische Frühchrist Tertullian: sie alle belegen, wie wenig die Menschen mit Verwaltung und Politikern anfangen konnten – aber auch, wie sehr sich diese über die Bedürfnisse der Menschen hinwegsetzten.

Plutarch überliefert eine Herrscherschelte des Tiberius Gracchus aus dem letzten Jahrhundert vor Christus: darin zeiht der Volkstribun die Regierenden, ihre Untertanen mit tausenderlei Pflichten zu belegen, aber den Menschen andererseits »nicht einmal eine Bleibe wie den Tieren« zu gewährleisten. Petronius stellt, im Jahrhundert danach, totale Staatsverdrossenheit fest:

»Ihre eigene Macht ist verhaßt der römischen Jugend...« Wenig später zitiert Tacitus in seinen ›Annalen‹ einen Ausspruch des Kaisers Tiberius: »Fürsten sind sterblich, ewig aber ist der Staat« – und schildert dann, wie umfassend dieser Staat alles ramponiert hat, was die Menschen brauchen, es reicht »von unbefahrbaren Straßen« über den »Verfall des Geldwertes« bis zum »Kollaps der Justiz«: »Die Hilfe der Gesetze – die durch Gewalt, durch Einfluß, zuletzt durch Bestechung in Verwirrung gebracht wurden – war unwirksam geworden.« Ein mächtiger Unmut habe sich so entwickelt: »Die Herrschaft des Senats... war durch den Machtkampf der Großen und die Habsucht der Beamten verleidet worden«.

Am Ende sahen die Bürger im Staat nichts anderes mehr als einen schlichten Räuber: Cassius Dio berichtet in seiner ›Römischen Geschichte‹ genüßlich eine besonders erhellende Episode aus dem 3. Jahrhundert nach Christus: »Der Italiener Bulla, der eine Bande von sechshundert Räubern gesammelt hatte... wurde ergriffen, und der Oberst der Leibwachen fragte ihn: ›Warum treibst du das Räuberhandwerk?‹ Bulla fragte zurück: ›Und du – warum bist du bei der Leibwache?‹.«

Widerstand gegen die Obrigkeit aus Tradition, Mißtrauen gegenüber dem Staat als Grundeinstellung, Aversionen gegen Bürokraten und Lakaien – es war schon immer ein Kennzeichen italienischer Mentalität. Das bekamen aber auch jene zu spüren, die die Welt verändern wollten. Karl Marx z.B. wunderte sich – und war verärgert –, daß seine Lehre in Italien (wie auch in Spanien) kaum Widerhall fand, dagegen Anarchisten vom Schlage eines Michail Bakunin eine große Anhängerschaft sammelten. Er hätte die Frage mit einem Blick ins Geschichtsbuch beantworten können.

Diese traditionelle Abneigung gegen die Obrigkeit ist jedoch nun in ein neues Stadium getreten: Es ist nicht mehr der Ausbeuter, den man im Beamten fürchtet, nicht mehr der Scherge, der Bulle, der Steuereintreiber, es geht nicht mehr um Haß oder

Verachtung. Man fürchtet vielmehr die Unfähigkeit des Apparates, den die Italiener, erstmals in ihrer Geschichte, als unabdingbar für die Bewältigung der Zukunft empfinden. Just in dem Augenblick, wo die Italiener vielleicht erstmals in ihrer Geschichte Sehnsucht nach einer funktionierenden Exekutive empfinden, ist sie nicht zu haben.

Wer denn, so fragen mittlerweile Zeitungen und Bürgerinitiativen, soll ins grenzenlose Europa führen, wer die richtigen Hinweise geben, den Schutz gegen die hereindrängende Konkurrenz organisieren, wer die Interessen italienischer Anleger und Geschäftsleute im Ausland vertreten, wenn nicht der Staat, seine Repräsentanten, seine Beamten? Gerade sie aber zeigen sich nun der neuen, unüberschaubar großen Welt Europa, dem Eintritt in die Entscheidungsgremien der Brüsseler und Straßburger Behörden, der Auseinandersetzung mit vielen Nachbarn gleichzeitig nicht gewachsen.

Bislang hatte man es in Italien vor allem mit bilateralen Auseinandersetzungen zu tun gehabt – mit diesem oder jenem Nachbarn, diesem oder jenem Partner oder Gegner. Sie hatte man dann meist ohne Schwierigkeiten mit der immergehegten *furbizia*, der landeseigenen Schlitzohrigkeit, auszutricksen vermocht. Doch nun bekommt man es mit einem unbeugsamen, anonymen, kaum durchschaubaren Apparat weit weg von den eigenen Machtzentren zu tun, einem Apparat, dessen Waffe undurchsichtige, oft hinterhältige Gesetze sind – und der auch weiß, wie man diese Gesetze durchsetzt, nämlich ganz einfach mit Hilfe des Geldhahns.

Mitte der 80er Jahre war die Modernisierung von Politik und Verwaltung einige Zeit hervorragender Bestandteil des Regierungsprogrammes. Der Ansatz geriet zum Lehrstück für den berühmten Leitsatz im ›Leoparden‹ des Tommaso di Lampedusa: alles ändern, damit alles beim alten bleibt.

1983 kam mit Bettino Craxi der erste Ministerpräsident der Sozialistischen Partei an die Regierung. Die PSI hatte damals zwar nur um die 11 Prozent, doch der desolate Zustand der Mehrheitspartei *Democrazia cristiana* (34 Prozent) und der Mangel an Alternativen zwang die Katholikenpartei, das Amt des Regierungschefs an den seit Jahren unaufhaltsam zulegenden Bettino Craxi abzutreten. Er wurde Leiter einer Fünferkoalition, wie man sie bereits seit einem Jahrzehnt praktizierte (neben Christdemokraten und Sozialisten noch die industrienahe Republikanische Partei und die beiden Minifraktionen der Sozialdemokraten und Liberalen). Im Regierungsprogramm kündigte Craxi zahllose Neuerungen an, worunter der Marsch auf Europa und die totale Modernisierung Italiens den absoluten Vorrang hatten. All das sollte realisiert werden mit Hilfe des sogenannten *Decisionismo*, der von Craxi zu seinem Markenzeichen erhobenen Entscheidungsfreudigkeit. Nicht mehr lange palavern – kurz debattieren und dann abstimmen (natürlich so, wie der Regierungschef es will)!

Craxis Mitbürger nahmen das erfreut zur Kenntnis; seit jeher sind die Italiener allem Neuen gegenüber aufgeschlossen wie sonst keine Nation, und vor allem waren sie – damals noch – die überzeugtesten Europäer, mit oft mehr als 90 Prozent Zustimmung zur Einigung von niemandem übertroffen. Und Modernisierung konnte nie schaden – wobei die meisten bei dem Wort allerdings kräftige Zuschüsse zu Maschinen- und Grundstückskäufen verstanden; jedenfalls klagten sie all das später energisch ein.

Doch alsbald zeigte sich, daß der präpotente Ministerpräsident erstens auch nur mit Wasser kochte, zweitens genauso wie jeder andere Regierungschef vor ihm eingezwängt war in das unentrinnbare System von Vetternwirtschaft, Lokalchauvinismus und Geldknappheit. Und drittens hatte er außer der – zugegeben ausgezeichneten Propagandaidee *Decisionismo* keine weiteren tragkräftigen Zukunftsvorstellungen zu bieten. Sein Buch ›Fiducia nell'Italia che cambia‹, Vertrauen in das sich wandelnde Italien, ist eine geradezu perfekte Sammlung von Statements, denen jeder zustimmen kann, die sich aber bei näherem Hinsehen als Platitüden erweisen. Hier einige Proben: ›Kein opportunistischer Nationalismus!‹ war der Titel einer Rede vor dem Industriellenverband in Mailand 1984, ›Die Armut bewaffnet die Völker‹, hieß eine andere Ansprache, diesmal vor der Nord-Süd-Kommission der Sozialistischen Internationale. »Den europäischen Horizont erweitern« forderte er vor der sozialistischen Europa-Fraktion, »die Landwirtschaft konkurrenzfähig machen« bei der Eröffnung der 39. Landwirtschaftmesse in Cremona, und während einer Rede vor der Vertrauensabstimmung im November 1985 tönte er, »die Jugend fordert größere Sicherheiten für ihre Zukunft«.

Im Laufe seiner dreieinhalb Regierungsjahre – auf eine so lange Zeit ununterbrochener Amtsführung hatte es vor ihm noch keiner gebracht – erwies sich die »Entscheidungsfreudigkeit« dann immer mehr nur als hohle Formel ohne die notwendige Substanz. Der Kurs der Sozialisten, ohnehin schon weit von allen früheren linken Idealen entfernt, geriet immer mehr ins Neokonservative. Geradezu peinlich war die Anbiederung bei den Arbeitgebern, grotesk oft der Kampf gegen alles Gewerkschaftliche. Mitunter überwarf er sich sogar mit den Industriellen, weil diese ihn zur Mäßigung gegenüber den Arbeitern aufforderten: die Betriebsbosse hatten, zu Recht, Angst vor allzu geschwächten Gewerkschaften, die sich dann unweigerlich in kleine Gruppen aufsplittern würden, so daß ein zentrales Verhandeln mit ihnen nur noch schwer möglich war. Craxi blieb uneinsichtig, das Ergebnis war die Entstehung sogenannter »Basiskommittees« (*Cobas*), die seither jeder Regierung und den Arbeitgebern mit gezielten Streiks in sensiblen Bereichen mehr Ärger bereiten als jede Demo von hunderttausend Arbeitern: fünf Lokomotivführer, die in Rom mit ihren Loks die Gleise blockieren, können das gesamte nationale Schienennetz weitgehend lahmlegen, und eine Handvoll daumendrehende Fluglotsen sorgen dafür, daß kein Jet von der Piste abhebt.

Zudem, und das war eine besonders nachteilige Folge, verdarb sich die Politik damit auf lange Zeit jede Art gedeihlicher Zusammenarbeit mit den Arbeitern und Angestellten – was aber unabdingbare Voraussetzung für eben jene Reform des administrativen Apparates gewesen wäre, die Craxi versprochen hatte.

Im Laufe der Jahre zeigte sich auch, daß die Sozialisten unter Macht ziemlich genau dasselbe verstanden wie vor ihnen die Christdemokraten: eine Gelegenheit zur persönlichen und korporativen Bereicherung und als Möglichkeit, Freunde und Verwandte in hohe Posten zu hieven (Craxis Schwager Pillitteri wurde unverzüglich Bürgermeister der Geldmetropole Mailand). Der einzig positive Effekt sozialistischer Herrschaft waren ein paar minimale Verbesserungen in einzelnen Staatsbetrieben, weil nun bei der Neubesetzung von Stellen mitunter auch jüngere, gut ausgebildete Fachleute nachrückten. Immer war das keineswegs der Fall – in Rom etwa, wo Craxi dann auch erstmals einen Sozialisten als Oberbürgermeister plazieren konnte, waren zeitweise unter den Leitern der zwanzig Gesundheitsämter nur ein Arzt und ein Rechtsanwalt zu finden – der Rest bestand aus verdienten Parteigenossen ohne jeglichen Bezug zur Medizin oder Verwaltung; Kaufleute, Steuerberater, auch ein Barbier war darunter.

Die Hoffnung, die ein ansehnlicher Prozentsatz der Italiener (nicht die breite Masse, aber immerhin ein Teil der Aufsteiger, der Manager, der Hig-Tech-Betriebe, der Yuppies) in Craxi gesetzt hatte, zerfiel nach und nach. 1987 hatte er nur noch die Kraft, die an sich mit der *Democrazia cristiana* für die zweite Hälfte der Legislaturperiode vereinbarte »Stafette«, d.h. die Übergabe der Regierung an einen Christdemokraten, zu blockieren und so Neuwahlen zu erzwingen. Obwohl die Wählerstimmen für die Sozialisten 14 Prozent erreichten, war er nicht mehr imstande, sich erneut als Ministerpräsident zu etablieren und mußte eine ganze Legislaturperiode außen vor bleiben, auch wenn seine Partei weiterhin Koalitionsmitglied war.

Nun sind die Italiener seit Jahrzehnten Regierungen gewohnt, die im wesentlichen um sich selbst rotieren: *Il palazzo* hat Pier Paolo Pasolini das in sich geschlossene Machtkartell genannt. Und sie sind auch gewohnt, daß viel geredet, viel Rhetorik in die Welt geblasen wird, viel Schwulst aus Radio und Fernsehen tönt, ohne daß sich dadurch nur im mindesten etwas ändert. Mit der Regierung Craxi aber war das anders: Sie hatte, erstmals seit der Reichseinigung im vorigen Jahrhundert, die Internationalisierung aufs Panier geschrieben und nicht mehr nur die gewohnten Sprüche über Verbesserungen im eigenen Haus benutzt. Die Propaganda zog, vor allem weil Craxi das Menetekel eines Ausschlusses aus Europa an die Wand malte. Daß er damit tatsächlich die weiter im gewohnten Trott verharrenden Konkurrenten zeitweise aushebeln konnte, zeigte schon damals, daß sich die Italiener der drohenden Gefahren bewußt wurden – vor allem die Mittel- und Unterschicht, für die Europa bisher eher abstrakt geblieben war, bekam plötzlich Angst. Die Schwäche der Gewerkschaften erklärt sich daraus. Als Craxi die Abschaffung der gleitenden Lohnanpassung an die Inflationsrate (*scala mobile*) anordnete, stimmten bei einem von den Kommunisten durchgesetzten Referendum nur noch 45 Prozent für die Beibehaltung der automatischen Angleichung: Die Arbeiter und kleinen Handwerker waren sich nicht mehr sicher, ob sie noch weiter Anteile am Kuchen fordern durften. Craxis Drohung mit der Unzulänglichkeit Italiens im künftigen Europa wirkte auf die Gewerkschaftsführer ebenso paralysierend wie auf die verbliebenen Linksparteien.

Um so größer daher der Schock, als man schließlich doch erkennen mußte, daß das System keine erkennbaren Verbesserungen erfuhr. Während sich die europäischen Partnerländer mit einer zunehmenden Angleichung der Gesetze und Verwaltungen auf künftigen supranationalen Umgang einrichteten und gleichzeitig auch die Weichen für den künftigen innereuropäischen Konkurrenzkampf stellten, überlegten die Italiener noch immer, wie man den unguten Prognosen mit der seit alters her praktizierten Schlitzohrigkeit beikommen könne, mit deren Hilfe das Land sich am Ende immer wieder irgendwie in den Kreis der Gewinner hineingemogelt hatte. Die Wahl des von niemandem geliebten Christdemokraten Giulio Andreotti zum Ministerpräsidenten 1989 war der massivste Beweis für diese verzweifelte Suche nach einem Überleben ohne wirkliche Änderungen. Wahrscheinlich war es der letzte Versuch, der den Italienern noch blieb.

Andreotti, schon vorher über zwanzigmal Minister, sechsmal Ministerpräsident, zwei Dutzend Male vor Untersuchungsausschüssen wegen möglicher Mitwisser- oder Komplizenschaft bei dunklen Machenschaften, stand seit jeher wie kein zweiter für die Fähigkeit, ungute Situationen auszusitzen und Gegner durch ein unentwegtes Spiel aus scheinbarem Nachgeben und sofortigem Nachstechen zuerst um die Konzentration und dann um ihre Erfolge zu bringen. »Die Macht verschleißt nur den, der sie nicht hat«, ist einer seiner berühmten Wahlsprüche (der dem deutschen Außenminister Genscher so imponiert hat, daß er ihn in einem Geburtstagsartikel zum 70. Geburtstag des Stehaufmännchens aus dem Süden in ›la Repubblica‹ zitierte.

Der Verschleiß-Spezialist sollte nun die Kollegen in Europa nach und nach so weit von ihren Aktionen und ihren schnellen Vereinigungsplänen abbringen, daß Italien mit seinen Tugenden wieder Fuß fassen konnte: Europa – ja, aber bitte nur, wenn aus der Kasse mehr nach Süden fließt, als das Land dorthin gibt, und gleichzeitig Italien dennoch an jedem einzelnen Schalthebel einen eigenen Griff bekommt.

Wahrscheinlich wäre die Rechnung auch aufgegangen – wäre da nicht die deutsche Wiedervereinigung passiert. Andreotti war der erste, der verstanden hat, wie tiefgreifend die Veränderungen durch diese unvorhersehbare Entwicklung sein würden. Flugs suchte er sich mit an den Verhandlungstisch zu setzen – und wurde, auch die Deutschen verstanden die Absicht, unwirsch von dort verscheucht. Es war das Ende des italienischen Traums, in Europa die Gewichte so nach Süden zu verschieben, daß Italien als Führungsmacht des Mittelmeers ein zweites Zentrum neben dem Dreieck Bonn-Paris-London aufbauen und so in Brüssel seine Bedingungen diktieren hätte können – ohne gleichzeitig die mühselige Arbeit einer internen Modernisierung auf sich nehmen zu müssen.

Vergeblich versuchte Andreottis Außenminister, der Sozialist Gianni de Michelis, mal mit einer »Neunerkonferenz« der vier europäischen Mittelmeeranrainer Spanien, Frankreich, Italien, Griechenland und der nordafrikanischen Küstenstaaten Marokko, Algerien, Tunesien, Libyen und Ägypten, mal mit dem sogenannten *Pentagono*, einer Konföderation Italiens, Jugoslawiens, Österreichs, der Tschechoslowakei und Ungarns, den unaufhaltsamen Trend der Politik zu stoppen.

Daß das alles scheiterte, war nicht nur die Konsequenz des Ungeschicks und der Unerfahrenheit des neuen Chefs der italienischen Diplomatie, sondern die Konsequenz historischer Abläufe. Im Norden Afrikas übertönen längst die Muezzin-Schreie des expansiven Islam die vordem vorwiegend ökonomischen Statements gemäßigter Politiker, im Nordosten hat die epochale Auflösung des Ostblocks mit ihren völlig unkalkulierbaren Auswirkungen und Kosten die Aufmerksamkeit so auf sich gezogen, daß rein gar nichts mehr blieb für den Traum vom Gegengewicht.

Die Art, wie die Wiedervereinigung über Europa hinwegtobte, wie Deutschland unversehens vom politischen Zwerg in eine Großmachtrolle hineinrutschte und diese auch immer deutlicher auszuüben begann, verstärkte in Italien natürlich die schon vorher vorhandenen latenten Ängste vor Europa. Erstmals beobachten Demoskopen seit 1990 eine abnehmende

Europa-Euphorie der Italiener: Was die immer wieder deutlich gewordenen Nachteile des gemeinsamen Marktes (etwa der Zusammenbruch des kleinen Bauerntums wegen mangelnder Konkurrenzfähigkeit), die Arroganz der Deutschen und Franzosen gegenüber den wirtschaftlich Schwächeren der Gemeinschaft, die undurchschaubare Zukunftsplanung der Brüsseler Eurokraten nicht vermocht hatten, das brachte die deutsche Wiedervereinigung mit sich: Italien ist sich plötzlich klar, daß an Europa kein Weg mehr vorbeiführt – und daß nicht sie es sind, die in Europa mitbestimmen werden. Können sie aber nicht bestimmen, müssen sie sich auf das einlassen, was andere entscheiden.

Genau für diese Situation aber haben sie nichts parat in ihrem Verhaltensrepertoire. Plötzlich fühlen sie sich deklassiert, von geringerer Güte als die starken Länder Europas. Ein Gefühl, das dieses Land seit seinem Bestehen kaum kannte – selbst das Mittelalter hatte, mit dem Glanz des romzentrierten Papsttums, noch Kompensationen für die verlorene Weltmacht gewährt. Derzeit jedoch sehen die Italiener weit und breit keinen Ausgleich für das, was von Tag zu Tag mehr entschwindet.

Solche Situationen eröffnen freilich auch neue Perspektiven – vor allem für jene, die sich im Besitz von Heilmitteln wähnen, deren Anwendung eine partielle oder totale Gesundung gewährleisten sollen. So schießen derzeit neue Parteien wie Pilze aus dem Boden – es ist die Stunde der Politiker angeblich oder tatsächlich neuer Art. Einige von ihnen legen dabei wohl tatsächlich die Hand an die Wurzel vieler Übel; andere behaupten, alleine das Absetzen der alten Herrscher genüge, um eine automatische Gesundung zu erreichen.

Tatsächlich haben die Politiker alten Schlages wohl nun doch ausgedient. Das heißt nicht, daß nicht noch einige Male alte oder mittel-alte Füchse wie Bettino Craxi Regierungschefs werden: Alternativen sind ja wirklich noch nicht in Sicht. Denn wie in jeder Phase des wirklichen Umbruchs zeigen sich zuerst nicht die neuen Politiker, sondern jene Volkshelden, die schon im römischen Altertum den Wandel ankündigten: die Volkstribunen. Von ihnen hat Italien derzeit mehr als genug, seriöse und weniger seriöse.

VII
Volkstribunen

Leoluca Orlando stürmt – anders kann man es wirklich nicht nennen – in die Aula des *Istituto Filippini* in Rom. Der Saal ist – Orlando gehört seit langem zu den unbestrittenen Meistern populistischer Anziehungskraft – bis auf den letzten Platz gefüllt, viele Schüler und noch mehr Erwachsene stehen an die Wände gelehnt, haben sich hinter dem Podium niedergelassen. Orlando hört – nicht immer konzentriert – den Rednern zu, die da sein Hohelied singen, vor allem aber auch ihren eigenen Beitrag zur Rettung des Vaterlandes nicht verheimlichen. Mitunter streicht er sich die dunkle Locke aus dem Gesicht, die immer wieder über sein linkes Auge fällt.

Veranstaltungen mit dem ehemaligen Bürgermeister Palermos sind landauf landab, von Palermo bis Venedig, von Neapel bis Turin ein Renner, seit der damals erst Vierzigjährige Mitte der 80er Jahre zum Symbol des Kampfes gegen die Mafia wurde. Aber nicht nur wegen seiner Beherztheit und seines unbestrittenen Erfolges dabei, das Vertrauen der Bevölkerung in der Mafiastadt zu gewinnen, wird er gehätschelt und gehört: Orlando strahlt nicht nur Vertrauen und Mut aus, mit seinem mächtigen Kopf und der hohen Stirn, den breiten Schultern und dem eher zierlichen Unterkörper sieht er gleichzeitig aus wie ein Schuljunge, den man noch in die Arme nehmen kann, ein markanter und für seinen Erfolg nicht unbedeutender Kontrast. Er weiß das und nutzt diesen Vorteil aus, spielt mit seinem Charme, umarmt gerne alle, die er öfter als zweimal gesehen hat. Ganz im Gegensatz zum Sauseschritt, mit dem er in die Säle marschiert, und der Ungeduld, die er zeigt, bis er ans Mikrofon darf, hat er plötzlich unendlich viel Zeit, wenn er sich jemandem widmen kann. Fernsehteams und überhaupt Reporter können ein Lied davon singen, wenn er zum Interview um

Stunden zu spät kommt oder in seinem Sprechzimmer noch eine halbe Stunde mit einem Mütterchen palavert, ehe er das TV-Team einläßt. Er weiß, wieviel solche Zuwendung an Sympathie einbringt, aber es ist für ihn keineswegs nur, und nicht einmal vorwiegend, Werbung: Er meint es ernst.

Orlando spricht zunächst davon, was nach seiner Meinung eine demokratische Regierung vor allem zu leisten hat: den Bürgern Vertrauen in die Entscheidungen geben, alle Vetternwirtschaft beenden, die Politiker zu Gehör und Gefühl für die einfachen Menschen zwingen. Und natürlich verweist er dabei auf sein eigenes Beispiel: In den fünf Jahren als Bürgermeister hat er, und das ist unstrittig, Tausenden von Menschen geholfen und dabei das Kunststück fertiggebracht, sein politisches Mandat nie für sachfremde Zwecke einzusetzen. Nicht ein einziges Empfehlungsschreiben – in Italien die verbreitetste Beihilfe zur Besetzung von öffentlichen Posten – hat er ausgestellt, nicht einen einzigen Anruf bei entscheidungsbefugten Freunden getätigt, damit man diesen oder jenen einstelle. Die Arbeitsplätze, die sein Stadtrat geschaffen hat, wurden derart penetrant öffentlich ausgeschrieben, und bei der Verteilung wurde so wenig gemauschelt, daß weder Neid aufkam noch Dunkelmänner Chancen bekamen, ihre Leute zu plazieren. Eine Bürgerinitiative »zur Überwachung der Transparenz in der Verwaltung« bekam von Orlando gleich neben dem Eingang zum *Palazzo delle Aquile*, dem Bürgermeisteramt, einen Raum zugewiesen und hatte Zugang zu allen Vorgängen im Haus. Als Orlando abtrat, wurde ihr Büro geschlossen.

Der Mann ist, darüber ist sich Italiens Presse einig, der Volkstribun par excellence – und doch auch wieder nicht. Er spricht aus, was viele wissen oder fühlen, er legt sich mit den Politikern aller Parteien an, aber gleichzeitig ist er selbst ein Politiker. Anders als die Grünen, die Mitte der 80er Jahre eine parteiunabhängige Politik einzuführen versuchten und sich als reine »Volksbewegung« verstanden, demonstriert Orlando seine

Aversion gegen die etablierten Parteien nicht durch Attacken auf das politische System – er wettert gegen die Menschen, die heute Politik machen. Es gehe, sagt er im Gymnasium in Rom wie im Saal der *Società civile* in Mailand oder bei den Gewerkschaftern in Bari, »um den Rückgewinn der Eigenverantwortlichkeit« – eine seiner Lieblingswendungen –, also darum, daß »jeder einzelne an dem gemessen wird, was er tut, er persönlich, nicht seine Partei oder seine Organisation«. Niemand dürfe sich hinter der Staatsräson verstecken, »jeder muß wissen, was er mit welcher Handlung anrichtet«. Fraktionsdisziplin, Klientelversorgung, Freundschaftsdienste in der Politik: das sind die roten Tücher, die er in jeder Versammlung schwenkt. Die Mafia nicht mehr nur als kriminelle Organisation, sondern als eine brutale Institution, die alle Politik, Wirtschaft, Kultur zu durchdringen begonnen hat, die schon allüberall präsent ist und die sich deshalb vor jeder Strafe sicher fühlt: der Filz, die Vermengung der Interessen, die Korruption der Verantwortungslosen sind so allgegenwärtig, daß jede Kontrolle unmmöglich ist.

So etwas kommt an. Orlando ist Meister in der Simplifizierung, doch er kann auch anders. Studiert hat er in Heidelberg, Jurisprudenz wie schon sein Vater – und Philosophie bei Gadamer. Im Gespräch läßt er gerne Heidegger-Zitate fallen, kennt sich bei Martin Buber und den anderen Existentialisten hervorragend aus. Nur: er kommt kaum dazu, sich auf eine Diskussion einzulassen; die langen Gespräche, die er mit Bürgern führt, sind in aller Regel Alltagssorgen gewidmet, nichtfunktionierenden Ämtern oder schreiender Not. Das führt mittlerweile, für seine Freunde deutlich fühlbar, zu einer Reduzierung des intellektuellen Niveaus in seinen Reden. Da er nicht mehr zum Lesen kommt, verflacht seine Argumentation, die Gefahr ist groß, daß auch er zum Rhetor verkommt.

Soweit ist es jedoch – noch – nicht. Orlando ist es gelungen, nach seinem Austritt aus der Christdemokratischen Partei (im Gefolge seines von Regierungschef Andreotti in Rom persönlich inszenierten Sturzes in Palermo) und rechtzeitig vor den Parlamentswahlen im Frühjahr 1992, eine Gruppierung aufzubauen, die eine fast magische Anziehungskraft hat: systemkritische Intellektuelle, von der Politik abgestoßene Jugendliche, sozial engagierte Katholiken arbeiten mit. Dazu kommen viele einfache Bürger, die in Angst vor der Kriminalität leben und dennoch nicht, wie der sozialistische Justizminister Claudia Martelli nach einer beispiellosen Welle mafioser Gewalt im Frühjahr 1992 unbekümmert propagierte, mit »legitimer Notwehr« nach »Wildwestart« gegen Gangster vorgehen wollen. In der *Rete*, dem »Netz« Orlandos haben sich Personen zusammengefunden wie der Soziologieprofessor Nando dalla Chiesa, Sohn des 1982 ermordeten Antimafia-Präfekten Carlo Alberto dalla Chiesa, der ehemalige Turiner Bürgermeister und Journalist Diego Novelli, der vorher der Kommunistischen Partei angehörte, der 1983 in Trapani knapp einem Attentat entkommene ehemalige Untersuchungsrichter Carlo Palermo – vor allem aber Letizia Battaglia.

Ohne Letizia Battaglia wäre wohl Orlando heute nicht die landesweit bekannte, erfolgreiche Führungsfigur von Teilen der mittleren Generation. Die Stadträtin der Verdi, heute 53, Fotografin, Trägerin zahlreicher internationaler Auszeichnungen, Mutter einer drei Jahre lang drogenabhängigen Tochter, war in der palermitanischen Orlando-Administration Dezernentin für »die Lebensqualität der Stadt, die öffentlichen Villen und Parks und für die Betreuung der Jugend«, ein von ihr selbst erfundenes Ressort. Damit hat sie das, was Orlando durch seine Persönlichkeit darstellte, in bleibende, sichtbare Dokumente, ja Monumente verwandelt. Ohne sie, das gibt Orlando bei aller Konzentration seiner Kampagne auf sich selbst ohne Umschweife zu, wäre seine Koalition aus nichtmafiosen Christdemokraten, unabhängigen Linken, Sozialdemokraten, Grünen und zuletzt auch Kommunisten »nichts gewesen«. Auch Letizia Battaglia gehört zur Spezies neuer Hoffnungsträger, die Säle füllen und das Ohr der einfachen Menschen wie der Intellektuellen erreichen; Volkstribunin auch sie.

Im Gegensatz zu Orlando, der heute vom Wort und von seiner Ausstrahlung im Rampenlicht lebt, bevorzugt Letizia Battaglia immer noch die Tat, das Wirken vor Ort, die Begegnung mit Menschen, die schnelle, praktische, greifbare Umsetzung ihres Wissens von den Nöten und den Bedürfnissen in Verbesserungen, und seien es wegen Geldmangels oft auch nur symbolische. So hat sie Hunderte öder Winkel und müllübersäter Plätze säubern und zu Kinderspielplätzen oder Altenbegegnungsorten umbauen lassen, hat den von Dosen, Plastik und angeschwemmtem Dreck übersäten Strand entsorgen und mit Palmen begrünen lassen. Die einst für Palermo typischen, seit einem halben Jahrhundert verschwundenen Promenadewege sind wieder begehbar geworden, auch auf kleinsten Plätzen und Straßenkreuzungen hat Letizia Battaglia Brunnen oder Kunstwerke »gepflanzt«: Zeichen, daß die Stadt sich, nach Jahrzehnten skrupellosester Bauspekulation, erstmals wieder um ihre Bürger kümmert.

Letizia Battaglia gehört zu den ganz wenigen Personen um Orlando, die bei aller Zuneigung zu ihm nie die Distanz aufgeben; sie sagt ihm privat und auch vor den Fernsehkameras ihre Meinung. Daß er nun wie besessen im Land herumreise und Propaganda für sein »Netz« mache, sei zwar verständlich, habe ihn aber von seinen Menschen in Palermo so weit entfernt, daß die allmählich den Glauben an ihn verlieren. Orlando sagte darauf mehrere Termine auf dem Festland ab. Erst eine Woche danach nahm er die Tour wieder auf, es ging nach Mailand.

Dort kommt er schon zu Beginn seiner Rede auf sein zweites Lieblingsthema zu sprechen – die künftige Rolle Italiens in Europa und in der Welt. Er berichtet von einem unglaublichen Erlebnis: Vor kurzem haben die USA ihr Konsulat in Palermo geschlossen. Damit sind Tausende auf der Insel stationierte amerikanische Soldaten ohne direkten diplomatischen Schutz.

»Ich habe den Konsul angerufen, und der hat mir ganz offen gesagt, daß die Regierung in Washington einmal nachgerechnet hat, was sich für sie noch lohnt – und sie ist darauf gekommen, daß sie heute eher in Litauen, Lettland, Estland oder Berg-Karabach Konsulate benötigt als auf Sizilien.« Das italienische Territorium sei uninteressant geworden, »die brauchen unsere Wiesen und Äcker nicht mehr zur Stationierung von Mittelstreckenraketen und Marschflugkörpern«, und damit »ist der Süden in allergrößter Gefahr, nicht nur in Europa, sondern überhaupt in totale Bedeutungslosigkeit zu versinken«. Dem *Mezzogiorno* fehle ja das Hinterland, teils durch das Meer, teils durch die schwindende Bedeutung des einst wegen des Erdöls wichtigen Maghreb, und wenn nun seit dem Kollaps des Ostens die militärische Bedeutung des Südens gegen Null tendiere, »können wir auf den Tag warten, an dem auch unsere Regierung uns unserem Schicksal überläßt, und das heißt, der Mafia noch mehr als bisher ausliefert«. Für den Volkstribun bedeutet das, daß er der Regierung und vor allem dem reichen und einflußreichen Norden klarmachen muß, daß man in einem Boot sitzt. Stürzt der Süden ins Bodenlose, fällt auch Italien insgesamt – »wofür soll es denn noch gut sein, außer zur Ausbeutung seiner Kunstschätze und der archäologischen Güter, die aber auch spätestens mit der Öffnung der Grenzen lastwagenweise verschwinden werden?« Italien werde, so Orlando, insgesamt – und nicht nur der Süden – zum reinen Satelliten bedeutenderer Mächte, etwa der Deutschen oder Franzosen, verkommen, wie einst vom 15. bis zum 18. Jahrhundert.

Die Beschwörung schwindender Bedeutung Italiens wirkt im Norden tatsächlich – stärker noch als im Süden, wo man sich ja schon lange mit einer eher marginalen Rolle abgefunden hat. Daß er im Norden mit seinem Menetekel eines drittklassigen Italiens ankommt, hat einen Grund. Dort ist ein anderer »Volkstribun« zugange, Umberto Bossi, der zweite große Herausforderer des *Palazzo*.

Der mit Orlando fast gleichaltrige Senator Bossi hat Mitte der 80er Jahre zusammen mit unzufriedenen Lombarden in Mailand eine »Liga« gegründet, die er nach dem mittelalterlichen, antikaiserlichen Städtebund *Lega lombarda* taufte, danach in ganz Oberitalien weitere solcher Bünde angeregt und schließlich ein Dutzend von ihnen in der *Lega nord* vereinigt. Und mit diesen Gruppen will Bossi das genaue Gegenteil von dem erreichen, was Orlando wünscht, nämlich kein Zusammenrücken der Italiener, sondern eher die Spaltung.

Dabei ist der Grund für beide Kampagnen ein gemeinsames Übel, die Mißwirtschaft in Rom. Orlando sieht darin die Ursache für den sich ständig mehrenden Einfluß der Mafia und Bossi für den sich immer mehr verstärkenden Druck auf die im Norden ansässigen erfolgreichen Unternehmer und Händler, noch mehr an den Fiskus abzuführen als ohnehin – um über die üblichen dunklen Kanäle die Klientel im Süden zu bedienen, die den Römern dann die Wahlsiege garantiert.

Bossi propagiert ungeniert einen oberitalienischen Separatismus, weg mit dem Zentralstaat, notfalls durch Ausrufen einer eigenen *Repubblica padana,* einer »Republik der Po-Ebene«, allenfalls eine Föderation aus Ober- Mittel- und Unteritalien kann er sich vorstellen; die soll sich dann nur noch um die Außenpolitik – »aber nicht die wirtschaftliche!« und Verteidigung – »die spielt ja in naher Zukunft wohl sowieso keine Rolle mehr« – kümmern dürfen. Mit internationalen Institutionen wie der EG, der NATO oder transnationalen Organisationen wie EURATOM will Bossi autonom verhandeln.

Bossi sammelt, obwohl er persönlich viel weniger Ausstrahlung hat und seine Sympathiewerte weit unter denen von Orlandos liegen, noch viel mehr Anhänger als der Mann aus dem Süden: seine Klientel sind die Aufsteiger in der Börsenmetropole Mailand, aber auch um ihren Arbeitsplatz fürchtende Kleinbürger, nach Mitteleuropa gewandte Kaufleute und Konzernmanager, die den italienischen Süden als Investitionsgebiet

– mal wegen der Mafia, mal wegen fehlender Infrastrukturen, mal auch, weil sie mit den Menschen dort nicht zurechtkommen – aufgegeben haben und das vom Staat dorthin gesandte Entwicklungsgeld für verschleuderte Steuermittel halten. Dazu kommt die Manie, Besitzstandwahrung und -mehrung zum einzig wichtigen Lebensziel zu erklären – und sich so von allen Seiten bedroht zu fühlen, wenn Außenstehende kommen und auch im Geschäft mitmischen möchten. So gelten den Lombarden – aber auch den Leuten aus der Emilia Romagna oder den Venezianern – schon die ambulanten ausländischen Händler am Strand und in den Touristenzentren als Erzrivalen, auch wenn sie nur wertloses Zeug handeln, das in Geschäften gar nicht angeboten wird. Arbeiter wiederum fürchten die seit Jahrzehnten von der eigenen Industrie aus dem Süden geholten Werktätigen plötzlich als gefährliche Konkurrenz, die immer mehr Verwandte nachziehen und die raren freien Posten besetzen. Der Haß auf die Südländer ist mitunter so stark, daß er zu Gewalttätigkeiten führt; mehrere zugewanderte oder urlaubende Sizilianer und Kalabresen wurden zusammengeschlagen, einige starben. Viele der *Lumbard* möchten, nach Umfragen, vor die Wahl gestellt, lieber mit Afrikanern oder Asiaten zusammenleben als mit Sizilianern.

Der Rassismus, der den Menschen von der »Liga« und insbesondere Bossi vorgeworfen wird, ist unbezweifelbar vorhanden, erklärt jedoch nur zum Teil den Erfolg des Volkstribunen aus dem Norden, der seiner Partei in Teilwahlen örtlich mehr als ein Viertel der Wählerstimmen verschaffte. Es sind vielmehr die ganz allgemeinen Ängste der Menschen, vor allem des Mittelstandes, die Bossi Scharen von Wählern zutreiben. Angst vor den grenzenlosen europäischen Räumen der Zukunft, wo man doch heute die eigene Regierung im wesentlich näheren Rom nicht mehr kontrollieren kann, spielt eine ebenso zentrale Rolle wie die deutliche Mißachtung des eigenen Landes seitens der nun als ökonomisches und politisches Vorbild angesehenen

Deutschen, Schweizer, Franzosen oder Engländer. Ehemals stramme KP-Wähler driften genauso zu den *Leghe* wie nationalistische, vordem den Neofaschisten zugetane Adelige und mittelständische Unternehmer. Daß gerade Bossi sie führt, mag eher ein Zufall sein. Er war eben der erste, der sich öffentlich und ohne besondere Skrupel zu den vorher eher latenten und oft nicht zugegebenen Verlustängsten bekannte und eine militante Lösung dieser Probleme anbot. Durch ihn wurden derlei Gefühle – immerhin war er bereits Senator in Rom – sozusagen gesellschaftsfähig.

Bossi möchte seine Auflösungsvorschläge für Italien auf keinen Fall als europafeindlich verstanden wissen: »Im Gegenteil, ich fühle mich als besonders bewußter Europäer« – doch anders als Orlando möchte er nicht integrativ wirken, sondern ausgrenzend. Die zurückgebliebenen Regionen des Südens sollen nicht länger das nationale Faß ohne Boden sein, in das man nur Geld pumpt, ohne daß sich irgendwelche Perspektiven für die Zukunft entwickeln. Bossi möchte die Steuern in der Region behalten und nicht nach Rom abführen, möchte in Mailand und Turin entscheiden lassen, mit welchem Land man Außenhandelsverträge abschließt, will autonom entscheiden können, was die Kinder in der Schule lernen – und wer nicht als Landeskind anerkannt ist, soll gefälligst in eine Art Ausländerschule gehen.

Leoluca Orlando, Letizia Battaglia, Umberto Bossi: drei Figuren, die derzeit Italien zu bestimmen beginnen. Sie unterscheiden sich gründlich von anderen »Volkstribunen«, die es vorher gab, gehören aber doch irgendwie mit zum System – und das macht sie als Hoffnungsträger auch wieder fraglich. Volksnahe Kämpfer hat es in Italien immer gegeben: Vom jüngeren Cato im alten Rom angefangen, der als Minderheitsführer im Senat den Großen seiner Zeit mit unorthodoxen Politmethoden allerlei Schwierigkeiten bereitete, über den Moralprediger Savonarola und den Kirchenkritiker Leonardo Bruno bis zum Radikalenführer Marco Pannella in den 60er und 70er Jahren unseres Jahrhunderts zieht sich eine ununterbrochene Linie populistischer Oppositioneller, die nie die Regierungsgewalt innehatten und doch die Politik zentral mitgestalteten. Pannella z.B. zwang mit seiner gerade zweieinhalb Prozent starken Partei der Regierung wiederholt durch Volksabstimmungen Gesetze auf, wie etwa zur Scheidung und zur Abtreibung, und er erregte durch Hungerstreiks oder sein Auftreten im Parlament soviel Aufsehen, daß sich die Minister mit seinen Anträgen auch dann noch befassen mußten, wenn diese längst abgelehnt waren.

Doch Pannellas Zeit ist vorbei, so erfrischend er mit seinen bald sechzig Jahren noch immer anzusehen ist, wenn er im Fernsehen sogar mit dem Staatspräsidenten in Streit gerät und diesen wie einen dummen Jungen aussehen läßt. Den Mächtigen Paroli zu bieten, ist sicher eine der Sportarten, bei der die Italiener besonders gerne zuschauen, speziell wenn sie ihnen per TV frei Haus geliefert wird, und sie bequem auf der Tribüne Platz nehmen können. Doch mittlerweile, das ist auch dem letzten Fan der traditionellen Aufwiegler klar, genügt es eben nicht mehr nur, Minister und Staatssekretäre, mächtige Banker und Manager in Verlegenheit oder Wut zu bringen. Der neue Volkstribun muß nicht nur zeigen, daß er schlagfertig ist und den Gegner kleinkriegen kann – er muß auch sagen können, wie es weitergehen soll, muß Orientierungen geben, nicht nur rein destruktive Kritik. Pannella, den Pasolini einst als einen der »ganz großen Demokraten« pries, hat bewiesen (und das ist sein großes Verdienst), daß sich gesellschaftlicher Konsens und politische Aktion nicht nur in Wählerstimmen manifestieren und auch außerhalb der offiziellen Institutionen und Massenorganisationen herstellen lassen. Doch er war und ist der Mann des »abrogativen« Referendums – in Italien ist mit Volksabstimmungen nur die Abschaffung, nicht die Neueinführung eines Gesetzes möglich – und nicht der Schöpfer neuer Normen. Den Italienern genügte dies, solange es nur darum ging, die Bäume der Mächtigen nicht in den Himmel wachsen zu lassen.

Die neueren Volkstribunen müssen zeigen, daß sie auch den viel beschwerlicheren Weg über die langwierige, stets vom Scheitern bedrohte bürokratisch-parlamentarische Prozedur kennen; sonst können sie keine wirklichen Neuerungen durchsetzen.

Leoluca Orlando und Letizia Battaglia sollten da zunächst bessere Karten als Bossi haben: im Gegensatz zum *Lega*-Chef haben sie bereits gezeigt, daß sie regieren, daß sie verwalten, gestalten können, und das in der scheinbar unregierbaren, von Korruption und Gangsterunwesen zutiefst durchdrungenen Stadt Palermo.

Doch Umberto Bossi kann auf einige Faktoren zählen, die in der Situation des Umbruchs wohl mehr wirken als die praktischen Erfolge der Orlando und Battaglias. Erstens besitzt er die unbeschränkte Fähigkeit, seiner Gefolgschaft Zukunftsangst einzujagen – und diese an einer präzisen Vorgabe festzumachen: dem Zentralstaat in Rom. Den hat er für seine Anhänger erfolgreich zum Grundübel Italiens gestempelt, zum Synonym für Mißregierung und Ausbeutung, für Phantasielosigkeit und Unfähigkeit, den Gefahren der Zukunft entgegenzutreten.

Zweitens kann Bossi auch noch einen anderen Vorteil für sich ausnutzen: Während Orlando und Battaglia die kleinen Leute und die Intellektuellen ansprechen, beides Schichten mit wenig Geld, sind Bossis Gefolgsleute in aller Regel mit einem guten Bankkonto ausgestattet.

Vor allem aber: sein Mailand, und nicht nur das der *Leghe*, ficht mit Rom seit Jahrhunderten eine Art Erbfeindschaft aus. Es geht um nichts weniger als um die Herrschaft im Lande, und insofern sehen viele Lombarden, die an sich weder etwas mit den sonstigen Plänen der Lega-Anhänger am Hut haben noch jemals Bossi wählen würden, die wütenden Attacken ihres Lokalmatadors gegen die Hauptstadt gar nicht ungern: zu schön wäre es, wenn die oberitalienische Geldmetropole auch die politische Führung im Lande übernehmen könnte. Die meisten

Mailänder wären dann wohl sehr schnell bereit, die Frage einer Auflösung des Zentralstaates wieder fallenzulassen – wird von Mailand aus regiert, soll natürlich ein großes Staatsgebilde dahinterstehen, nicht nur eine mittlere Alpenregion.

Soweit ist es freilich noch nicht, und vielleicht wird es auch nicht dazu kommen. Der Kampf jedoch tobt, offen mitunter, meist aber verdeckt. Sein Ausgang wird mit die Weichen für Italiens Zukunft stellen – wobei keineswegs ausgemacht ist, daß eine künftige nicht nur wirtschaftliche, sondern auch politische Vorherrschaft Mailands dem Land besser bekäme als die Dominanz Roms. Ausgetragen wird dieser Kampf erbarmungslos und führt neben ernsthaften Argumenten und Aktionen mitunter auch zu Attacken von erheblicher Komik.

VIII
Roma – Milano

Das Ereignis gilt seit altersher als gutes Zeichen: Vom Himmel herab senken sich kleine weiße Flocken auf die Ewige Stadt, der Ruf *Nevica, nevica* erfüllt Vicoli und Piazze, aus den Gassen rennen die Kinder auf die Straßen, die Autos halten, die Insassen steigen aus und lassen sich die nassen Kristalle auf der Hand zergehen. Schnee bedeutet Glück fürs ganze Jahr, Geld, Wohlergehen, Zufriedenheit.

So war es in der Vergangenheit. Doch seit einigen Jahren mischt sich in die Freude über das seltene Ereignis auch Zweifel, ob das mit dem Glück noch weiter gilt, und manch einer meint, die Reihenfolge kehre sich eher um: Nicht wer Schnee aufs Haupt bekommt, hat Glück, sondern nur wer Glück hat, kann sich am Schnee freuen. Der Grund dafür ist eine Erfahrung, die auf eine uralte Fehde zurückgeht: der Kampf der Geldmenschen aus Mailand mit den Herrenmenschen in Rom.

Kaum nämlich beginnen sich in den letzten Jahren die Tiber-Anwohner am herrlichen, unverhofften Weiß zu freuen, entsteht in den Herzen eine bange Frage: Und dann? Was geschieht, wenn man sich der Pracht genug erfreut hat und weitermöchte? Die Erkenntnis, daß Schnee die Straßen rutschig macht, ist so neu nicht; nur: seit Mitte der 80er Jahre steht die Stadt Cäsars und der Päpste den Rutschbahnen ziemlich hilflos gegenüber – durch die Totalmotorisierung sind die Straßen sowieso ständig verstopft, und wenn sich ein einziger Kleinwagen querstellt, geht stundenlang nichts mehr.

In Rom ist eigentlich so ziemlich alles vorhanden, was der Mensch braucht, schließlich muß jeder Italiener, der auf sich hält, in der Stadt selbst oder in der Umgebung eine Wohnung haben und zählt auf eine derartige Infrastruktur. Was es aber nicht gibt, sind Salz und Streusand, und wenn doch, so fehlen die Möglichkeiten der Verteilung, vor allem Schneepflüge und winterfeste Lastwagen. Da es in Rom nur alle paar Jahre mal schneit, sorgen die Stadtverwaltungen nicht so recht vor, und was noch an Geräten herumsteht, ist meist verrostet oder sonst untauglich geworden, Salz und Sand sind zusammengebacken und nicht mehr streubar.

Das war bis vor einigen Jahren kein Problem: Man orderte die Streumittel und die Fahrzeuge einfach aus dem Norden, wo es genug davon gibt. Doch nun, auf einmal, ist Schluß damit: Mailand weigerte sich, erstmals 1987 und dann erneut 1989, die Schneepflüge und den Sand herauszurücken. Nicht eine einzige Schaufel wurde nach Süden geliefert, häßliches Lachen erscholl aus der Lombardei, als die vier noch einsetzbaren Schneepflüge Roms, allesamt nahe den Behausungen wichtiger Minister stationiert, schon bald im Verkehrschaos festsaßen und die Hauptstadt mehrere Tage paralysiert war.

Der Vorgang hat Symbolwert: Nichts ist so kleinkariert, daß die Mailänder daraus nicht eine pompöse Invektive gegen die verhaßte Hauptstadt zu machen versuchen, kein Vorwurf so weit hergeholt, daß man ihn »denen da drunten« ersparen würde. Ob die Regierung Steuern erhöht oder senkt, ob sie Immigranten willkommen heißt oder sie hinauswirft, ob sie Mafiosi verfolgt oder gerade wieder mal Gesetze zu deren vorzeitiger Freilassung verabschiedet – stets steht es im absoluten, unversöhnlichen Gegensatz zu dem, was die Mailänder für richtig halten. Die Römer spinnen, nach Lombardenmeinung, nicht nur – sie sind schlichtweg unfähig, absolut unfähig. Die Schneepflug-Geschichte war dem in Mailand erscheinenden größten italienischen Nachrichtenmagazin ›Panorama‹ tatsächlich eine maliziöse Titelstory wert.

Offizielle Begründung für die immer deutlicher zutage tretende Aversion ist die – allerdings unleugbare – Tatsache, daß die Lombarden, gemessen am nationalen Durchschnitt, eher im Geld schwimmen, während es in Rom stets daran mangelt –

Beweis für die kapitalbewußten Nordländer, daß die Römer weder etwas leisten noch mit Geld umgehen können. Obwohl sich die Hauptstadt redlich müht, ist ihre Wertpapierbörse ein mickriger Laden geblieben, während sich der Mailänder Aktienhandel zwar etwas arg angeberisch, aber doch auch wieder nicht ganz zu Unrecht unter die Großen der Welt einreiht, New York, Tokio, Frankfurt, London. Der Durchschnittslombarde verdient fast anderthalbmal soviel wie der Süditaliener und immerhin zwanzig Prozent mehr als der Römer, Lire-Multimilliardäre (1 Milliarde Lire derzeit etwas 1,35 Millionen DM) leben dort doppelt so viele wie am Tiber, die Banken setzen das Drei- bis Vierfache um, und ebenfalls nicht zu Unrecht reklamieren die Mailänder, daß bei ihnen Krankenhäuser und Straßenbahnen intakt sind und das Beamtentum einigermaßen funktioniert – Dinge, bei denen auch der chauvinistischste Römer schuldbewußt den Kopf senkt. Rom ist für die Mailänder fast schon der nordafrikanische Maghreb, ihre eigene Stadt dagegen schon quasi Konkurrenz zum europäischen Mittelpunkt Frankfurt.

Daß trotz solcher wirtschaftlicher und bürokratischer Überlegenheit dennoch die Kolosseums- und Forumsstadt und nicht die Metropole der glänzenden Hochhäuser und Computerzentralen im Norden das Land regiert, wurmt aufrechte Mailänder aber nicht nur unter dem Aspekt der Modernität: die Rivalität hat uralte Wurzeln und ist schon im Mittelalter so ausgeprägt, daß die Lombardei stets als ein Zentrum des Widerstands gegen die in Rom gekrönten Kaiser galt. Noch während der Reichsgründung im vorigen Jahrhundert versuchten einflußreiche Norditaliener das kurzzeitig als Hauptstadt amtierende Florenz als Dauerresidenz des Königs zu halten. Doch um die Piemontesen, die das Herrscherhaus stellten, möglichst weit von ihrer Hausmacht in Turin und auf Sardinien wegzuziehen, stimmten schließlich auch die Mailänder für Rom. Daß man sich nun, eineinviertel Jahrhunderte danach, selbst mit der Rolle der

»heimlichen« und nicht der echten Hauptstadt zufriedengeben muß, schmerzt.

Die Römer haben gegen die Angriffe aus Mailand nur relativ schwache Argumente vorzubringen; etwa, daß gerade in den letzten Jahren immer mehr Nordlichter in die Regierung eingerückt sind; einer von ihnen, der Sozialist Craxi, hält bekanntlich sogar den Rekord mit seiner zusammenhängenden Amtszeit von 1983 bis 1987 als Regierungschef; auch sein Nachfolger, der junge Giovanni Goria, ist ein Import aus dem Norden, er kommt aus dem piemontesischen Asti. Da die Oberitaliener dennoch weiterhin die Unfähigkeit der Regierung in Rom attackierten – und dies auch immer noch tun – führten die Römer diese beiden als Beweis dafür an, daß Lombarden nicht besser regieren können als andere Italiener. Und dann die Umweltverschmutzung: trotz allen Reichtums gelingt es den Mailändern noch weniger als den Römern, atembare Luft und trinkbares Wasser bereitzuhalten. Sogar die fast dreihundert Kilometer entfernte Adriaküste wird noch über den Po mit Mailands Kloaken- und Industrieabwässern verseucht.

So haben sich beide Metropolen, die der Finanz und die der Politik, auf einen langen Graben- und Verschleißkrieg eingestellt. Wobei beide die Kunst pflegen, auch die unmöglichsten Argumente gegeneinander ins Feld zu führen – und die der anderen Seite flugs ins Gegenteil zu verkehren. Führen die Mailänder die »bessere geographische Lage« ihrer Stadt an, weil sie näher bei den Schaltzentren des künftigen Europa liegt, so drehen die Römer die Sache um 180 Grad um: Gerade weil sich nun alles im Norden abspielt, müssen die peripheren Staaten ihre Metropolen so weit wie möglich wegverlagern, um nicht in den Sog des Zentralismus zu geraten und so die eigenen Ränder total ausdünnen zu lassen. Die Mailänder kontern: Genau deshalb macht ja der italienische Einheitsstaat mit seinem in Europa einmaligen Nord-Süd-Gefälle keinen Sinn mehr – *Lega*-Chef Umberto Bossi mit seinem Separatismus läßt grüßen. Rom erwidert: Paßt nur auf, ihr Mailänder – wenn ihr euch abspaltet, seid ihr zwar wohl den *Mezzogiorno* los doch dann seid ihr selbst Grenzland, Peripherie, und werdet von Europa ungefähr so behandelt wie die Sizilianer derzeit von euch.

Inzwischen haben die Lombarden eine andere Argumentationslinie erfunden: Rom will nicht vom politischen Zentralismus lassen? Gut – dann definieren wir eben »politisch« neu. Außen- und Verteidigungsfragen bleiben politisch – alles, was mit Wirtschaft, Finanzen, Umwelt etc. zu tun, kurz: alles, was Geld kostet (und damit großen Gelddurchlauf bringt), ist weniger »politisch«, gehört daher in die »Nebenhauptstadt« Mailand; auch hier lugt Meister Bossi durch. Rom gibt, zumindest scheinbar, nach: Die von der EG nach Italien vergebene Öko-Bank kommt schon mal nach Mailand. Doch damit, so lassen die Römer wissen, hat sich's auch schon, jedenfalls fürs erste.

Die Mailänder müssen nämlich einen Tiefschlag hinnehmen – sie haben mit ihrer Teilungskampagne ein prächtiges Eigentor produziert. Eines ihrer Argumente für die Auflösung des römischen Zentralismus, das sie für besonders stark hielten, ist ihnen geplatzt. Wie die immer so effizienten Deutschen bei ihrer Abstimmung über Berlin oder Bonn als Hauptstadt Verschleißkämpfe vermieden hätten, indem sie die Administration zwischen beiden Städten aufteilten, das stellten die schlitzohrigen Mailänder gegenüber Rom als vorbildlich dar. Um so süffisanter berichten nun die römischen Zeitungen und Politiker über all die Schwierigkeiten, die die Deutschen bei der Realisierung ihrer Zwillingslösung haben, vom Hickhack zwischen der alten und der neuen Hauptstadt bis zu den unerschwinglichen Kosten für die zahlreichen Doppelungen.

Die Mailänder halten inzwischen selbst nicht mehr viel von ihrem vermeintlich schlagendsten Argument. ›Il Mondo‹, natürlich aus Mailand, führte anfang 1992 einen Vergleich mit den Metropolen anderer Staaten – Madrid, London, Paris, Berlin, Brüssel, Amsterdam, Lissabon, Stockholm – durch und stellte fest, daß Rom, bezogen auf die Preise für Milch und Brot, für Wohnen und Immoblien bis hin zu Präservativen alle Rekorde bricht. Allerdings verschwiegen die Lombarden dabei, daß einiges davon in ihrer eigenen Stadt noch wesentlich teurer ist.

Daß ein solcher Kleinkrieg Kraft, Zeit und Geld kostet, für diese Erkenntnis muß man nicht Politologie studiert haben. Und nicht verwunderlich ist auch, daß dabei die tatsächlichen Probleme der Mehrheit der Menschen – in Mailand wie Rom und anderswo in den Hintergrund geraten.

Doch der *Palazzo*, der Machtklüngel, hat sich ja seit eh und je kaum darum gekümmert, wie die Untertanen draußen tatsächlich leben. Davon zeugt bereits das antike Motto *panem et circenses*. Wenn das Volk murrt, werden ein paar Wahl- oder Besänftigungsgeschenke verteilt, glanzvolle Feste sorgen für die notwendige Ablenkung und Ermüdung möglicher Rebellen. Das Rom heute verhält sich da nicht anders als das Rom der Antike – und Mailand tut ohne Einschränkung desgleichen: Prachtvolle Scala-Aufführungen und Weltausstellungen, millonenschwer erkaufte Fußballsensationen und Kunstausstellungen sollen ablenken von Armenvierteln, Korruption und Mißwirtschaft in der Stadt (die mittlerweile pro Monat fast so viele Tote und noch mehr Skandale zu verkraften hat als Palermo oder Neapel).

Nur wenn die Signale ab und zu nicht mehr zu übersehen sind, etwa weil in den Krankenhäusern innerhalb einer Woche ein Dutzend Leute wegen Nichtversorgung in der Notaufnahme stirbt, hohe Beamte oder Parteibonzen verhaftet werden oder der Smog zur Abschaltung der Fabriken und zur Stillegung aller Autos zwingt, stecken die metropolitanen Machtträger mal kurz ihren Kopf aus ihren Intrigen-Kämmerlein heraus und fragen verwundert, was denn da draußen los sei und wer da den wichtigen Kampf um die Vorherrschaft im Lande störe.

Dabei bräuchten sie nur ab und zu mal in jene Bezirke zu gehen, wo gut ein Drittel der Italiener mittlerweile lebt – in heruntergekommenen Großstadtvierteln oder seelenlosen, halbfertigen Satellitenstädten ohne Infrastruktur. Sie würden erkennen, wie ihre dümmlichen Rivalitätskämpfe auf die meisten Menschen in Italien wirken und welch kolossalen Verfall politischer, gesellschaftlicher, juristischer Kultur sie mit ihrem Machtgerangel am Ende bewirken. Den Menschen in den Armenghettos, den »Bronxen« (›la Repubblica‹) Roms, Mailands, Palermos oder Neapels ist nämlich gleichgültig, wo ihre Hauptstadt steht – wenn sie nur wüßten, wozu diese Hauptstadt eigentlich gut ist.

Sie wissen es nicht, und so sind, während Rom und Mailand um die Vorherrschaft streiten, die Menschen in den immer trostloser werdenden Städten Italiens einer Realität überlassen, in der der Staat von ihnen die Einhaltung von Normen fordert, die keinerlei Überlebenschancen bieten. Die folgende Reportage, die ich in gekürzter Form in der ›tageszeitung‹ veröffentlicht habe, mag diese Wirklichkeit in ihrer ganzen Alltäglichkeit und doch grauenhaften Bedrohung zeigen.

IX
Lauter Kriminelle...

Es war ein Anruf von der Art, bei denen der Journalist nicht genau weiß, ob er aus Gründen der Professionalität hingehen, aufgrund eines gewissen Abscheus ablehnen oder die Sache bis zu einer weiteren Klärung verschieben soll: Ich würde mich doch sicher an den jungen Mann erinnern, den ich seinerzeit während des Fährenstreiks in einem Lokal im Spanischen Quartier Neapels kennengelernt hatte, den mit den Hakenkreuz-Ohrringen? Ja? Ja, der sei er, der Anrufer, Fulvio, und er müsse mich dringend sprechen. Eine Sache, na ja, nicht auf Leben und Tod, aber doch für ihn immens wichtig. Vicolo Ficurella sei die Adresse, seine Mutter würde auch was Gutes kochen, Gnocchi napoletani oder Pasta alla pescatora, wie ich wolle.

Am Ende überwog die Neugier, auch wenn mir damals der Wirt des Lokals hinter dem Rücken des jungen Mannes unentwegt das »Plemplem«-Zeichen gemacht hatte: Fulvio hatte unserem Team während der Fußballübertragung Italien-Sowjetunion unentwegt von einer »neuen Achse Rom-Berlin« vorgeschwafelt und sein eher chaotisches denn faschistisches Gedankengut regelrecht über unserem Tisch ausgekippt.

Der Vicolo Ficurella gehört zu jenen Gassen im unentwirrbaren Netz des Spanischen Quartiers im Zentrum von Neapel, bei denen man nie weiß, ob man nicht plötzlich vor einer mannshohen Mauer steht: Zum Schutz vor den dreirädrigen Motorkarren und den FIAT 500, die die überdies meist total zugeparkten gerade vier Meter breiten Gäßchen und sogar Treppen heruntergerattert kamen und oft breite Kratzer an Mauerwerk und Fußgängern hinterließen, hat die Stadt in den 60er Jahren zwei Drittel der Gassen am Anfang oder Ende bis auf enge Durchgänge mit Mauern verschließen lassen. Der Tourist, der die Gegend wegen der vom Reiseführer geschilderten »pittoresken

Winkel« aufsucht, hält in der Regel seine Handtasche oder seinen Fotoapparat eng an sich gepreßt – immer noch blüht nicht ganz zu Unrecht die Fama von den *scippatori*, den Straßenräubern speziell am Nordrand des Quartiers, wo die schnurgerade, in Wirklichkeit aus einem halben Dutzend ineinanderlaufender Sträßchen bestehende, *Spaccanapoli* die Stadt in zwei Teile zerlegt. Die Lokale hier haben meist keinen Namen; wer nach einer Eßgelegenheit fragt, wird zu *Peppino* oder *'o frantò* verwiesen, manchmal auch einfach mit einem »Da vorne neben dem Gemüseladen« weitergeleitet. Schwere, meist ramponierte Eisengitter und Rolläden künden von Vorkehrungen der Geschäftsleute gegen Einbrecher und Räuber. Aus den winzigen Kammern im Parterre blöken Tag wie Nacht die Fernsehapparate. Kinder sind noch weit nach Mitternacht auf der Straße, zu Zeiten, wo sich die alten Leute schon lange in ihre Schlafkammern zurückgezogen haben. Meist gucken die Mütter oder Tanten nach den Kleinen und holen sie, gegen ein Uhr – unter Protest – ins Haus.

Fulvio hatte bei unserer ersten Begegnung im Lokal »Da Mimmo« noch ganz die »Haut-die-Russen«-Tour gefahren: »Deutschland muß wieder groß werden«, hatte er getönt, »und dann werden wir gemeinsam nach Osten marschieren und ein neues Europa machen.« Dafür konnte er sogar geschichtliche Vorbilder anführen: »Cäsar hat unser Weltreich auch erst gründen können, als er Germanien besaß, und die Franken im Mittelalter das ihre, als sie Rom hatten.« Um so erstaunter registriere ich schon kurz nach der Begrüßung, daß er nun neue, ganz neue Erkenntnisse hat: »Schon enorm, daß die dort drüben den Bolschewismus aus sich heraus und ohne fremde Hilfe zum Teufel gehauen haben.«

Der Grund für sein Herantreten an mich: Er möchte in den Osten, in den deutschen oder auch sonstwohin, aber er weiß nicht genau, welche Papiere man dafür braucht, auch hat er, noch vor der Wiedervereinigung, einen Visumsantrag gestellt, der aber nicht beantwortet wurde, »obwohl sie ihn sonst allen geben, sogar meinem Bruder, nur weil der mal, vor Jahren, Kommunist war«. Daß der Osten Arbeitsplätze bereithalte, war kurz nach dem Kollaps des realen Sozialismus eine der großen Illusionen im Süden Italiens, manche Politiker schwärmten von mehreren Hunderttausend Posten, die den italienischen Arbeitsmarkt entlasten könnten. Mittlerweile zeigt sich, daß allenfalls Kriminelle, Camorristen speziell, dort Fuß fassen können. Und das bedeutet, daß der zumindest für Ostdeutschland aufgehobene Visumszwang meinem Fulvio auch nicht recht weiterhelfen wird.

Daß Fulvio im Ausland nur Arbeit sucht, will er überraschenderweise nicht gelten lassen – angeblich möchte er sich vor allem die neuen gesellschaftlichen Verhältnisse angucken, er hält sich seit eh und je für einen Idealisten. »Natürlich will er dort nur arbeiten«, sagt dagegen seine Mutter Adriana und streicht ihm mit ihren abgearbeiteten Händen über die Haare, »er ist ein guter Junge, und das mit Mussolini haben sie ihm voriges Jahr nur eingeredet, indem sie ihm Arbeit versprochen haben. Von Politik hat er keine Ahnung.«

Derlei ist für die Mutter wichtig. Schließlich darf sich Fulvio nicht zum Antipoden seines Vaters selig entwickeln, der vor vier Jahren von einem Camorra-Kommando schwer verletzt wurde (und an den Folgen später gestorben ist). Er hatte nach der Entlassung eines Kollegen einen Streik gegen die Baufirma organisiert, bei der er zehn Jahre beschäftigt gewesen war, und da hatte der Eigentümer ein Schlägerkommando geholt. »Dabei hat mein Mann das nicht mal aus politischen Motiven getan«, sagt Adriana, stellt das Foto ihres Gemahls, nachdem sie es mehrmals geküßt hat, wieder aufs Büffet und wischt sich Tränen ab, »sondern weil er Ungerechtigkeit und Ungesetzlichkeit nicht ertragen konnte.«

Ingiustizia und *illeggittimità* – es sind die häufigstgebrauchten Worte in der Familie, obwohl sie nicht so leicht über die

Lippen gehen. Ungerecht ist z.B., »daß das Wasser nur alle paar Tage hier ankommt und oft so verschmutzt ist, daß man es nicht trinken kann, das Licht alle paar Stunden ausfällt, Kanalisation haben wir keine, die Schulen sind schlecht«, ungesetzlich ist – Gennaro, der Älteste, hält eine Ausgabe von ›Panorama‹ in die Höhe –, »daß die Luft bei uns so verunreinigt ist wie in keiner anderen europäischen Stadt – und dafür bezahlen wir Unsummen von Steuern.«

Recht hat er; allerdings reduzieren sich die »Unsummen« beträchtlich, als ich (nach einer Bemerkung Fulvios, man könne mit den Abgaben seiner Familie »die halbe Stadt sanieren«) rein aus Neugierde nachfrage, wieviel denn alle zusammen so monatlich bezahlen. Gennaro, von der Ausbildung her Mathematiklehrer, rechnet und rechnet – am Ende kommen knappe 20000 Lire, umgerechnet 28 Mark, für alle zusammen heraus, und das auch nur, weil vergangenes Jahr ein Finanzbeamter mit Anzeige gedroht hat, wenn nicht wenigstens ein Familienmitglied eine Steuererklärung abgibt. Die Geschichte mit dem verschmutzten oder gar fehlenden Wasser hat ebenfalls einen Haken: Den Wasserzins hat die Familie, wie alle hier im Quartier, seit Mitte der 80er Jahre nicht bezahlt. Strittig ist nun, ob das Ei oder die Henne zuerst da war: Kommt das Wasser nicht, weil man nicht bezahlt, oder bezahlt man nicht, weil die Versorgung schlecht ist? Vor fünf, sechs Jahren jedenfalls war das Wasser noch besser…

Die Abgabenhinterziehung fällt jedenfalls nicht unter den Begriff »ungesetzlich«. Denn, so begründen Gennaro, Fulvio und ihre sechs Geschwister die Steuerhinterziehung, »wir würden unsere Steuern ja gerne bezahlen, aber für das meiste, was wir machen, würden uns die da drüben« – Gennaro zeigt in die Richtung, in der wahrscheinlich das Finanzamt liegt – »sofort bei der Polizei denunzieren, weil's angeblich illegal ist.«

Da hat er wohl recht. Gennaro selbst, nach einem Jahr als *precario* (Teilzeitlehrer) wieder stellungslos, verleiht derzeit am

Molo Beverello gefälschte Autokennzeichen, das Paar zu 30000 Lire (gut 40 DM): Während der Saison ist den Neapolitanern (nicht aber den Autobesitzern von anderswo) zwecks Verkehrsberuhigung die Mitnahme ihrer Fahrzeuge auf die Insel Ischia versagt, und so sind Kennzeichen aus Milano oder Roma sehr gefragt, mit dem »NA« für Napoli darf man nicht auf die Fähre. Ist man aber mit dem geliehenen, über das eigene gehängten Schild angekommen, gibt man das Schild bei einem Partner Gennaros wieder ab und bekommt die vorsorglich kassierte Kaution von 50000 Lire wieder zurück; auf der Insel kann man dann mit dem neapolitanischen Schild unbehelligt fahren, denn Ischia gehört selbst zu diesem Meldebezirk.

Gianni, 26, zweitältester Bruder, ist Autolackierer – doch leider, leider arbeitet er in einer Firma, die nicht angemeldet ist, weil »auch manches vielleicht« – vielleicht! – »geklaute Auto dabei sein könnte«. Pech für den Fiskus. Gianni kann seine Steuern also aus reiner Loyalität gegenüber seinem Arbeitgeber nicht bezahlen, weil bei dem dann mal die Finanzbeamten vorbeischauen könnten. Liliane – der Name stammt von einer amerikanischen Verwandten, die als Entgelt für einige Geldsendungen Taufpatin geworden ist – arbeitet »im Hafen«. Da ist sie offiziell in einer Espresso-Bar beschäftigt, doch tatsächlich lebt sie davon, amerikanische Zigaretten von US-Matrosen zu kaufen und sie aus dem Zollgebiet zu schmuggeln. Die Stangen Merit oder Marlboro bietet dann ihr elfjähriger Sohn an der Via Nazaro Sauro mitten im Autoverkehr an. Das Geschäft blühte besonders kurz vor Weihnachten, als der italienische Finanzminister einige amerikanischen Tabakfirmen mit einem einmonatigen Verkaufsverbot belegte, weil sie offenbar den Schmuggel unterstützt und ganze Schieberringe aufgebaut hatten.

Berardo, 19, verhökert derzeit besondere T-Shirts an der *Tangenziale,* der Umgehungsstraße Neapels: weiße Hemden, diagonal mit einem handbreiten schwarzen Streifen versehen. Bei einem flüchtigen Blick von außen durch die Windschutzscheibe vermitteln sie den Eindruck, der Fahrer habe den Sicherheitsgurt um. Das verhindert lästige Polizeikontrollen und Strafen, seit Italiens Regierung Anschnallpflicht verordnet hat. Die meisten Autos im Süden haben aber nicht einmal Halterungen für die Gurte. Der Einbau der Sicherheitsriemen kostet selbst im billigsten Fall noch um die 50000 Lire, eine Verwarnung 30000, das T-Shirt aber, das man ja auch noch anderweitig verwenden kann, 10000 Lire, umgerechnet DM 13,-. »Vorher hat er was anderes verkauft«, kichert Fulvio und macht mit den Fingern obszöne Andeutungen, »unser Berry ist nämlich immer auf der Höhe der Zeit, aber leider holt er sich dabei auch mal blaue Flecken.« Es stellt sich heraus, daß Berardo bis vor kurzem ein sogenanntes »AIDS-Untersuchungs-Set« feilgeboten hat, ebenfalls an der *Tangenziale*. Es bestand im wesentlichen aus einer Fußballpumpe mit Gummischlauch, einer Einwegspritze und einem in Apotheken kostenlos erhältlichen Streifen zur Harnzuckeruntersuchung. Das Geschäft war zu Ende, als er einen Kasten unwissentlich an die soeben aus den USA eingeflogene Frau eines Camorra-Bosses verkauft und diese ihren Mann zur »Selbstuntersuchung« gezwungen hatte. Der Nasenbeinbruch von der Abreibung hat seine Spuren in Berardos Gesicht hinterlassen.

Kurz vor Einbruch der Dunkelheit schwebt etwas sehr Junges, in enge schwarze Hosen und eine straffe Bluse Gezwängtes auf spitzen Stöckeln aus dem oberen Stock herab, grell geschminkt und mit einer Handtasche ausgerüstet, in der allerlei auf dem Büfett von Mutter Adriana bereitgelegte Accessoires verschwinden: eine Lederpeitsche, einige Riemen, dazu, aus einer Dose im Schrank entnommen, eine kleine Pistole. »Das ist Luciano«, sagt die Mutter, und es ist nicht die geringste Zurückhaltung zu erkennen, als sie ihm dem Abschiedskuß gibt: »Paß auf, am Corso haben sie letzte Nacht zwei *froci* (Homosexuelle) halb totgehauen, da sind wieder die *papponi* (Zuhälter) von Secondigliano unterwegs.«

Luciano ist ein *feminiello* – ein Junge, der als Nesthäkchen immer mehr in eine weibliche Rolle hineinerzogen wurde, eine in diesem Viertel (und dem proletarischen Neapel überhaupt) nicht seltene Erscheinung, weil man Mädchen besser auf dem Markt ungelernter Arbeitskräfte unterbringt als Jungen. Früher arbeiteten die *feminielli* häufig als Köche oder Putzhilfen, mitunter bleiben sie zu Hause und versorgten nach dem Tod der Eltern die nichtverheirateten älteren Geschwister. Auch als Gouvernanten waren sie gefragt, sofern die Familie das Geld für die Mittelschule und wenigstens ein oder zwei Klassen Lyzeum hatte aufbringen können.

Seit einigen Jahren aber hat nach den Erkenntnissen der neapolitanischen Polizei »geradezu eine Welle von transvestitischer Prostitution eingesetzt«. Mehr als 15000 Neapolitaner verdingen sich – zusätzlich zu den gut 10000 vorwiegend aus Südamerika eingereisten Transsexuellen – auf dem Strich und machen so den Frauen immer stärker Konkurrenz. Es hat zwischen den beiden Gruppen bereits böse Schlägereien und auch schon mal einen Schußwechsel gegeben. Derzeit sind Transvestiten eindeutig stärker gefragt als Frauen, und die *feminielli* gehören zur besonders gesuchten Kategorie.

Luciano mit seinen fünfzehn Jahren ist der Großverdiener in der Familie – er bringt an manchen Tagen eine halbe Million Lire (650 DM) nach Hause; und das, nachdem er mit den drei Kollegen geteilt hat, mit denen er ständig zusammen ist. Denn das Überlebensprinzip in der neapolitanischen Prostitution heißt: niemals in ein Auto einsteigen, in dem mehr als ein Mann sitzt. Und mehr als ein Mann im Freier-Auto ist die Regel – nicht nur weil die Italiener immer gerne Gesellschaft haben, sondern weil »viele dann eine Art Sammelrabatt haben wollen, wenn sie zu mehreren sind«.

Stolz ist Luciano vor allem darauf, daß er – nach fast drei Jahren Strich – noch immer *pulito* ist, keine Drogen nimmt. Den schlimmen Bericht in der Freitagsbeilage ›Il Venerdì‹ von

›la Repubblica‹ über den zwölfjährigen, drogenabhängigen Franco Cantore hat er gelesen und sich neben das Bett gehängt: »Nicht nur, weil ich ihn kenne, er tippelt auf dem Corso Umberto, sondern weil ich das auch als Abschreckung brauche.« Da schwingt keine Eifersucht mit auf den – laut ›Venerdì‹ – derzeit höchstbezahlten Transvestiten auf dem Strich: Luciano hat wirklich Angst vor der Sucht, »mehr als vor AIDS«.

Der mädchenhafte Junge stöckelt hinaus; drei Häuser weiter holt er einen seiner Arbeitskollegen ab, der schon seit geraumer Zeit auf einem wackeligen Stuhl im Hauseingang gewartet hat. Über der Tür eine rote Lampe – der Freund empfängt auch zu Hause: »Das zu erlauben, schaff' ich noch nicht«, sagt Mutter Adriana. Sie wäre froh, wenn ihr *feminiello* in einem *circolo chiuso* arbeiten könnte, einem der vielen Bordelle der Stadt. Die sind zwar seit 1956 in ganz Italien gesetzlich verboten, aber die damit verbundene Kriminalisierung ihres Sohnes nähme sie in Kauf: »Da weiß man wenigstens, daß er am Morgen wieder nach Hause kommt, und wenn nicht, daß er dann allenfalls im Knast steckt.«

Gennaro bemerkt meinen Blick. »Ich weiß«, sagt er nachsichtig, »in deinen Augen sind wir alle Kriminelle. Nach dem Strafgesetzbuch sind wir es auch. Aber du hast keine Ahnung, was man hier in Neapel anstellen muß, um zu überleben. Das hier ist ein eigenes Rechtssystem, genauso klar und konsequent und, nimm's nicht übel, so ehrenhaft wie das, nach dem du lebst. Nur eben anders, aber glaub mir, man kann damit genauso zurechtkommen wie ihr mit dem euren.«

Aber wer ist verantwortlich für dieses System?

Die Antwort gibt, wenigstens ansatzweise, ein Vetter von Frau Adriana, der später abends noch vorbeischaut und sich einige Gläser eingemachter Auberginen und eine Kiste Oliven abholt – eine Art Naturalienhonorar für das Heraushauen Lucianos aus dem letzten Polizeigewahrsam. Ciro ist Rechtsanwalt, »ein As in Strafsachen«, wie Fulvio ihn mir vorstellt. Gennaro, der Mathematiker, hätte übrigens um ein Haar just »aus Bewunderung für Onkel Ciro« Jura studiert – »und wahrscheinlich stünde ich dann besser da als jetzt«. Onkel Ciro jedenfalls steuert einen Alfa 164, das Luxusmodell, und verteidigt derzeit eine ganze Schar von Camorristen. »Ich selbst bin kein Camorrist«, klärt er mich sofort auf und blickt mir dabei unbefangen in die Augen, »aber wenn du in Neapel als Anwalt arbeiten willst, mußt du in deinem Klientel auch solche akzeptieren – in vielen Vierteln geschieht faktisch nichts, wo die nicht ihre Finger mit drin haben.«

Also machen die camorristischen Banden die Gesetze für die Neapolitaner?

»Nein. Diese Gesetze entwickeln sich von selbst, aus den Umständen heraus, in denen diese Stadt lebt, in einer unaufhörlichen Dialektik von Armut, Korruption, überkommenen Treue- und Abhängigkeitsverhältnissen, von gewolltem Verfall der Einrichtungen und Beutelschneiderei durch die sogenannten demokratisch legitimierten Organe, von Versagen auch gutwilliger Reformer und Helfer. Camorra-Banden schwimmen im allgemeinen Morast mit, kommen hie und da an die Oberfläche, schneiden sich ihre Scheibe ab, bekriegen einander bis zum Mord; und doch ist das nur ein winziger Teil der alltäglichen Misere in dieser Stadt.«

Mithin sind es die staatlichen Organe, die versagen?

»So einfach kann man das auch wieder nicht sehen. Die Neapolitaner sind von Natur, besser gesagt, aus verständlicher Tradition heraus, unheimlich mißtrauisch gegen alles, was der Staat tut; oft kämpfen sie auch gegen das, was gut für sie wäre, nur weil sie überhaupt kein Vertrauen in Regierungsbeschlüsse haben.«

Woher das Mißtrauen?

»Sie haben den Staat, ähnlich wie übrigens auch die Sizilianer, fast immer nur als Besatzung erlebt. Von den Griechen über die Römer, Germanen, Araber, Bourbonen, Österreicher, Piemontesen bis heute, haben sie immer nur wenige Jahrzehnte wirklich autonomer Entwicklung gehabt. Der Rest war Ausbeutung und Unterdrückung, selbst nach der Gründung des Nationalstaats im vorigen Jahrhundert. Du brauchst nur einmal die Geschichte der Stadt zu verfolgen, dann erkennst du, daß Neapel immer dann einen Boom erlebte, wenn es Krieg gab – man hat hier Waffen produziert, weil es aus Armut wenig Protest dagegen gab und man im Fall einer Niederlage die Sieger über die Bevölkerung herfallen lassen konnte. War dann wieder Frieden, ließ man Neapel verfallen. So sehen die Neapolitaner auch heute noch – vielleicht zu Unrecht, aber dennoch unausrottbar – den Staat als ferne, unkalkulierbare Macht, die ihnen unverständliche Auflagen macht und Vorschriften verkündet, deren Sinn sie nicht einsehen. Er verlangt z.B. von ihnen, in der Schule klassisches Italienisch zu sprechen und selbst in winzigen Geschäften eine Ladenkasse mit doppelter Belegrolle einzuführen, die mehr kostet als zwei ganze Jahresverdienste...«

Aber das verlangt der Staat doch auch im Norden?

»Ja – nur, die Leute dort sprechen schon von Hause aus gutes Italienisch, wir hier statt dessen Dialekt; die Ladenkassen standen im Norden ohnehin schon in allen Geschäften, weil es dort mehr Umsatz gibt. Die armen Schlucker aber mußten entweder illegal weiterhandeln oder aufgeben.«

Das Mißtrauen, so Ciro, wohnt freilich nicht nur in den Mietskasernen der Armen: »Das durchdringt alle Schichten, und besonders die unsere, die der Juristen. Wenn bei euch in Deutschland – ich habe dort zwei Semester studiert – ein neues Gesetz verabschiedet wird, sehen die Anwälte, Untersuchungsrichter und Gerichtsvorsitzenden erst mal nach, wie man diese neue Norm anwenden muß. Bei uns statt dessen macht sich ein Heer von Advokaten unverzüglich daran, herauszufinden, wo eventuell irgendwelche Löcher sind, die man ausnützen kann.«

Ciro zündet sich einen Zigarillo an und lacht. »Dabei spielt es keine Rolle, ob dieses Gesetz in den normalen Arbeitsbereich des betreffenden Anwalts fällt: Hat er ein Loch entdeckt, sucht er sich schon die entsprechende Klientel und erklärt dieser, daß er da eine brillante Idee habe, man müsse nur... Verstehst du? Gesetzesumgehung ist bei uns hier eine fast tägliche Routine, die halbe Monatsmiete sozusagen.«

Seine eigene Kunstfertigkeit auf diesem Gebiet kann ich am Tag danach während eines Prozesses studieren: Ciro verteidigt zwei Burschen von 17 und 19 Jahren, die bei einem Handtaschenraub erwischt worden waren – unglücklicherweise hatten sie sich die Frau eines Polizeifeldwebels ausgesucht, und der, gerade auf dem Weg zu ihr, hatte die beiden gestellt. Die Verhandlung gegen die beiden *scippatori* gerät mitunter in gewisse Nähe zum ›Königlich-bayrischen Amtsgericht‹.

Ja, wenn wir gewußt hätten, daß das die Frau eines Polizisten ist... verteidigen sich die beiden; ein halbes dutzendmal entschuldigen sie sich bei der *bella signorina*, die ob des verjüngenden Kompliments sichtbar auftaut und freundlicher wird. Und als ob Straßenraub, wenn nicht gerade an Polizistenfrauen begangen, absolut in Ordnung wäre, verkauft der *Avvocato* dem Gericht die Entschuldigungen bei der Signora als »Einsicht« der Jungen, einen Fehler gemacht zu haben; ob er damit den Raub als solchen oder das Opfer meint, sagt er nicht. Doch in jedem Falle scheint die »Einsicht« in seinen Augen sogar einen Freispruch zu rechtfertigen. Sintemal, Fortsetzung des K.B. Amtsgerichts, nun auch dem als Zeugen gehörten Polizisten sein Eingreifen immer peinlicher zu werden scheint: Ja, wenn er gewußt hätte, wer die beiden ihrerseits sind... Söhne bekannter Kaufmannsfamilien, wie sich herausgestellt hatte, aus vornehmen Kontors in der zweiten Häuserzeile am Hafen – dort, wo hinter heruntergekommenen Fassaden supermoderne Büros und Wohnungen eingerichtet sind. »Da hätte ich natürlich zuerst einmal mit den Eltern gesprochen«, erklärt der Ordnungshüter. Ciro erkennt daraufhin in dem Polizisten »einen wahren Menschen« und verspricht, sein »vorbildliches

Verhalten« den zuständigen Vorgesetzten zur Kenntnis zu bringen. Ergebnis: zwei Monate mit Bewährung, unter vornehmer Nichtbeachtung der bereits früher ausgesprochenen und somit verwirkten Bewährung bei anderen Straftaten der jungen Räuber.

»Die Sache ist typisch für *scippatori* aus dem Mittelstand«, sagt Ciro, als er mich gegen ein Uhr wieder zur Wohnung seiner Verwandten bringt, »die sind zu dumm zum Klauen und lassen sich immer wieder erwischen. Am besten, sie würden damit einfach aufhören.«

Keine schlechte Idee; doch Ciro dämpft meinen Enthusiasmus sofort: »Ihnen davon abzuraten ist, unter uns gesagt, leichter gesagt als getan. Wie soll ich den jungen Leuten irgendeinen Respekt vor dem Gesetz beibringen, wenn sie sehen, daß das Gesetz nirgendwo respektiert wird? Ihre Eltern, Verwandten, Nachbarn hinterziehen ganz selbstverständlich ihre Steuern, schalten Konkurrenten notfalls auch mit unlauteren Mitteln oder gar Gewalt aus, rühmen sich dann am Abend all dessen auch noch. Und sie sehen es, besonders schlimm, auch und gerade bei denen, die die Vorschriften fabrizieren, bei den Politikern, den Beamten. Schau den Verkehr ringsumher an, die Luftverpestung, den Mangel an Infrastruktur, trotz immer neuer Milliarden Lire, die das angeblich alles beheben sollen.«

In der Tat ist der Smog durch Autoabgase und die von den Ölraffinerien am Fuß des Vesuv bis in das höhergelegene Spanische Quartier hochwabernden Stickoxide so dicht, daß man schon nach vier- bis fünfhundert Metern die Sicht auf die Schiffe im Hafen verliert und die Burganlage von Castel S. Elmo nur noch schemenhaft erkennt. Der Corso Umberto ist völlig verstopft – die Stadtpolizisten haben längst resigniert und schauen zu, wie Taxis gegen die Einbahnrichtung fahren, Autos auf dem Bürgersteig parken und die Fußgänger auf die Fahrbahn zwingen: »Tut mir leid, aber es läuft immer noch am besten, wenn wir uns raushalten«, sagt mir ein weißbehelmter *Vìgile* achselzuckend. Wo Straßen breit genug sind, sind Autos auch in der Fahrbahnmitte abgestellt; in ganz Neapel gibt es nur zwei größere und ein halbes Dutzend kleinerer Parkhäuser, die oft in alte Werkstätten eingebauten Garagen sind Tag und Nacht überfüllt, die Wächter stellen neuankommende Autos dann einfach wieder vors Haus auf die Bürgersteige.

Auch Ciro parkt seinen Wagen nahe der Piazza Plebiscito in der dritten Reihe und geht seelenruhig weg. Er erwartet nicht einmal ein Strafzettel, und klauen werden sie das Auto auch nicht: wer hier einen solchen Wagen fährt, könnte auch ein Boß sein, und dem den Wagen wegzunehmen, bedeutet nicht nur Ärger...

»Die Liste der Versäumnisse«, sagt Ciro beim Eintauchen ins Spanische Quartier, »ist ebenso lang wie die der Korruptionen: kaum eines der öffentlichen Krankenhäuser funktioniert, zur Einweisung auch in dringenden Fällen empfiehlt sich eine Bestechung des Chefarztes; die Rechtspflege existiert nicht mehr – über drei Millionen Verfahren warten auf ihre Erledigung, dafür aber gibt es nicht einmal zehn voll einsatzfähige Staatsanwaltschaften.

Doch auch dabei will er die Schuld nicht einzelnen Politikern und Behörden, nicht der Korruption und auch nicht irgendwelchen Dummheiten einzelner Mandatsträger zuweisen: »Es ist diese Stadt selbst, die sich nach einer Eigendynamik entwickelt, wie es sie sonst nirgendwo gibt. Selbst wenn ein Bürgermeister, ein Stadtrat, ein Polizeichef, ein Richter die Gesetze rigoros anwenden möchte – ständig dreht sich alles im Kreis und führt am Ende zum Gegenteil des Beabsichtigten.« Er zeigt auf eine Baustelle: »Da drinnen arbeiten drei Dutzend Maurer, Handwerker, Hilfsarbeiter. Von denen sind höchstens vier oder fünf ordentlich gemeldet und versichert. Der Rest wird schwarz bezahlt und bei einem Unfall entweder von einem miserablen Quacksalber verarztet oder mit einer Abfindung von ein paar tausend Lire nach Hause geschickt. Nun könnte ein eifriger

Polizist der Schwarzarbeit auf die Schliche kommen und sie anzeigen, ein Richter den Bauunternehmer verurteilen, das Finanzamt die hinterzogenen Abgaben zwangsweise einziehen. Doch unweigerlich würde die Firma dann pleite gehen, die Belegschaft auf der Straße stehen. Die Abgaben, die unser Staat verlangt, sind so hoch, daß allenfalls ein paar Haie überleben könnten, nicht aber die Mittelständler, zumal sie ja auch noch Schutzgelder für Gangsterbanden zahlen und die Beamten für Baulizenzen und Wohnbarkeitserklärungen schmieren müssen.«

Aber es gibt doch, gerade im Bausektor, gar nicht wenige Unternehmer – und darunter viele im Bunde mit der Camorra – die immens reich wurden?

»Es klingt paradox, aber daß die so reich werden, verdanken sie eben dem System der zu hohen Abgaben. Weil die niemand bezahlen kann, auch nicht ein reicher Unternehmer, zahlt man überhaupt nicht oder nur minimal, und dann rentiert sich's natürlich für den Firmeneigner mächtig. Würde beispielsweise der Staat statt wie derzeit 60 nur 40 Prozent des Einkommens als Steuern und Abgaben verlangen, könnten gut zwei Drittel der Firmen zwar bescheiden, aber immerhin auch unter Beachtung der einschlägigen Vorschriften leben. Da der Staat aber zuviel fordert, hinterziehen alle möglichst alles und lassen es darauf ankommen, ob sie erwischt werden. Die Chance ist gering bei mehr als acht Millionen Steuerhinterziehern, die das Finanzamt mittlerweile hochrechnet. Selbst Heere von Polizisten und Staatsanwälten könnten das nicht bewältigen, auch nicht wenn sie 24 Stunden am Tag arbeiten wollten.«

Warum gräbt sich der Staat dann selbst das Wasser ab? Könnte er nicht umgekehrt…

Ciro kennt das Argument schon: »Nein, kann er nicht. Erstens ist er immer pleite, seit Jahrzehnten, und so hofft er, durch hohe Auflagen wenigsten ein paar zehntausend Milliarden Lire hereinzukriegen. Zweitens müßte er, um nach dem Rechten zu sehen, soviel in neue Polizei- und Richterstellen, Ausrüstung, Modernisierung, zeitgemäße Ausbildung von Fahndern und Juristen investieren, daß er damit seine Schulden noch verdoppeln würde. So steht er mit gebundenen Händen da.«

Hat er angesichts solcher Lage überhaupt noch Hoffnung?

Ciro bleibt stehen und sieht mich an, als falle er aus allen Wolken: »Wieso Hoffnung? Du hast mich nicht verstanden. Ich wollte dir nicht beweisen, daß man alles anders machen müßte. Ich wollte dir nur zeigen, wie dieser Regelkreis hier funktioniert, und daß man in dieser Stadt so leben muß, wie man eben lebt. Daß man hier nur weiterexistiert, wenn man sich zum Rädchen in diesem Mechanismus macht. Das große Problem des Überlebens besteht nicht darin, daß man sich den hier geltenden Gesetzen und Regeln unterwirft, sondern daß man oft schwer in die Klemme gerät zwischen dem Gesetz, das der Staat auferlegt und mitunter hart durchzusetzen versucht, und dem, was man von Kindheit an lernt und was man im Grunde nicht als schlechter, oftmals sogar als menschlicher und ehrenhafter empfindet als die staatlichen Normen.«

Meine Nachdenklichkeit schien die Verwandten Ciros nicht sonderlich zu überraschen, als er mich wieder bei ihnen ablieferte. »Überzeugt hat er dich nicht«, bemerkte Gennaro,ohne überhaupt zu fragen, worüber wir geredet hatten, »aber Gegenargumente hast du auch keine mehr, was?«

Er hatte recht. Am Ende hatte ich, beim Abfassen der Reportage über diesen Besuch, sogar Schwierigkeiten, das Wort »kriminell« zu benutzen im Zusammenhang mit dieser Familie, die doch nach unserer Vorstellung aus lauter Gesetzesbrechern besteht.

X
Gesetze: Selbstgemachte halten länger

Die »Klemme«, von der Rechtsanwalt Ciro gesprochen hat, existiert freilich nicht nur in Neapel. Der Kontrast zwischen dem, was der Staat mit seinen Gesetzen fordert, und dem Regelwerk sozialer Beziehungen vor Ort ist ein grundlegendes Kennzeichen der italienischen Verhältnisse, von der Rechtssprechung bis zum Schulstoff, von der Wirtschaft bis zur Kultur. Das zeigt sich in allen Regionen und in allen Schichten – auch wenn der Gegensatz auf vielen Gebieten nicht unbedingt so existenzgefährdend ist wie bei unserer neapolitanischen Familie. Im Gegenteil, es gibt durchaus Kreise, die aus dieser Spannung recht erfolgreich, sozusagen als Sieger über das staatliche, demokratisch legitimierte Recht hervorgehen. Und dabei handelt es sich keineswegs nur um Mafia-Bosse und Camorra-Häuptlinge – auch hochangesehene Personen und Gruppen profitieren von diesem Kontrast.

Natürlich findet sich auch in anderen Staaten ein deutlicher Unterschied zwischen der täglichen Lebenspraxis und den staatlichen Normen. Wer Steuer hinterzieht, macht sich zwar überall strafbar, doch so etwas gilt nahezu nirgendwo als ehrenrührig. Im Straßenverkehr getötete Menschen heißen nicht Verbrechens-, sondern »Unfall«-Opfer. Parteikassierer, die mit Schwarzgeld kungeln oder in Verabredung mit Gönnern die geltenden Spendengesetze brechen, werden ebensowenig als organisiert Kriminelle eingestuft wie Manager, die zusammen mit einem halben Dutzend bestochener Beamter, Zöllner und Lastwagenfahrer illegal Gift oder gar Atommüll abladen oder über die Grenze bringen – oft genug räumt ihnen sogar die Rechtsprechung mildernde Umstände ein, weil sie angeblich nur das Beste gewollt haben. Dies alles, während der kleine Ladendieb Monate Knast aufgebrummt bekommt, auch wenn er aus purer Not geklaut hat, und den Makel, vorbestraft zu sein ein Leben lang nicht mehr los wird. Doppelmoral ist Bestandteil aller Gesellschaften.

Doch in den meisten Ländern lassen sich viele, ja die meisten dieser Diskrepanzen aus der offiziellen, staatlichen Rechts- und Gesellschaftsphilosophie ableiten (was nicht heißen soll, daß sie sich rechtfertigen lassen, im Gegenteil): Steuersünder werden in der Tat schon vom Gesetzgeber anders behandelt als andere Missetäter (wer sich z.B. vor Entdeckung selbst anzeigt, bleibt straffrei). Der Großteil der Verstöße im Straßenverkehr wird in Deutschland aus dem Straftatenkatalog herausgenommen und zur »Ordnungswidrigkeit« erklärt, was den ganzen Bereich als Sondergebiet des Rechts heraushebt. Die Parteien haben laut Grundgesetz von vornherein eine staatstragende Rolle (»...wirken bei der politischen Willensbildung mit«), berufen sich bei illegalen Geldsammelaktionen mitunter gerade auf diese Stellung und leiten daraus ab, daß ihre Vergehen minderer Art seien, weil zur Aufrechterhaltung des verfassungsmäßigen Auftrags begangen. Und beim Atommüll drücken auch Bürger, die sich sonst über arrogante Bonzen durchaus erregen, schon mal ihre Augen zu – irgendwo muß das Zeug ja hin.

Anders in Italien. Da hat sich die Parallel- oder besser Gegen-Kultur nicht aus der offiziellen Gesellschaftsphilosophie oder aus sonst gültigen Rechtskategorien heraus gebildet, auch nicht als Reaktion auf möglicherweise unsinnige Normen. Auf den »gesunden Menschenverstand«, beruft man sich auch in Italien seit eh und je, er stand und steht in vielen Bereichen von vornherein gegen das, was die offizielle Politik und ihre Vertreter verkünden und fordern. Eine Art Faustregel besagt, daß der Durchschnittsitaliener ziemlich genau das jeweilige Gegenteil von dem für gut hält, was die Gesetzesmacher beschließen.

Früher gab es wohl auch anderswo solche Erscheinungen. Italien ist aber heute wohl das letzte Land, das sich – bislang noch

– neben der offiziellen Politik, Wirtschaft und Kultur eine offizielle Gegen-Politik, Gegen-Wirtschaft und auch Gegen-Kultur leistet. In Deutschland ist ähnliches Phänomen gegen Anfang unseres Jahrhunderts verschwunden: die bis dahin noch bestehende bäuerlich-antipreußische Kultur in Bayern. Der zu Unrecht nur als Komödienstadel-Dichter abgewertete Ludwig Thoma – einer der besten Satiriker des ›Simplicissimus‹ – hat sie in Theaterstücken wie ›Erster Klasse‹ und in seiner Tacitus nachempfundenen Land-und-Leute-Schilderung ›Agricola‹ unnachahmlich festgehalten, und auch, man rümpfe nicht die Nase, Georg Lohmeyer hat manchen Aspekt in seinem ›Königlich-bayerischen Amtsgericht‹ dargestellt. Tatsächlich gab es in Bayern noch lange nach der Reichseinigung eine bis ins Kriminelle von der offiziellen reichsdeutschen abweichende Moral, die von den Menschen im südlichsten Land des Reiches als die »eigentliche«, also richtige, menschengemäße Verhaltensweise galt. Erst die volle Einbindung Bayerns und vor allem seiner Politiker in die Bonner Republik hat die meisten Relikte dieses Volksempfinden beseitigt – auch wenn sich die Nichtbayern noch immer gerne über den widerspenstigen Freistaat und seine Stammtischpolitiker aufregen.

Das Rechtsempfinden des Durchschnittssizilianers etwa, läßt sich durchaus mit dem früheren bajuwarischen Verhältnis zur Justiz vergleichen. Daß die Auseinandersetzungen auf der Insel dabei im wesentlichen mit der Flinte oder dem Messer ausgetragen werden, während sich in Bayern lange Zeit Streitigkeiten noch mit dem eher lebensschonenden Maßkrug und dem Ochsenfiesel erledigen ließen, ist sicher ein gravierender Unterschied. Dennoch beruht in beiden Regionen die Distanz Rechtsstaat auf derselben Ursache – dem Überstülpen eines abstrakten Normensystems, das anderswo konzipiert wurde und nun unter Mißachtung regional festverwurzelter Gefühle zwangsweise eingeführt wird. Die *sicilianità,* die der kürzlich verstorbene Schriftsteller Leonardo Sciascia als ein Phänomen beschrieben hat, in dessen genaue Struktur und Denkweise kein Nicht-Insunaler wirklich eindringen kann, ist nichts anderes als der kontinuierliche Versuch der Menschen zwischen Palermo und Agrigent, eine eigene Rechts- und Gesellschaftkultur aufrechtzuerhalten, die die einander ablösenden Regime überdauert und den Menschen Sicherheit und Halt gibt. Daß in diesem Spannungsfeld auch kriminelle Gruppen wie Mafia und Camorra nach oben kommen können, ist bekannt; doch das ist nicht eine direkte Folge der »Sizilianität« oder anderer regionaler Besonderheiten antistaatlichen Denkens. Diese Gruppen nutzen lediglich die Antagonismen erfolgreich aus – und fördern sie natürlich, so gut sie können, es nützt ihnen ja.

Die in Italien heute sichtbare geradezu erdrückende Anti- und Gegenstaatlichkeit ist keine rein dem *Mezzogiorno* zuzuschreibende Spezialität und auch keineswegs ein lediglich durch Machenschaften schnauzbärtiger Bosse erzeugtes Phänomen. Den Beweis liefert das Verhalten der Menschen auch außerhalb des *Mezzogiorno*. Im Norden und in der Mitte gibt es weder eine genuine Mafia sizilianischer Art noch eine Camorra wie in Neapel (auch wenn mittlerweile die organisierte Kriminalität wie in allen modernen Staaten längst in den Metropolen, in Mailand, Turin und in Rom, Fuß gefaßt hat und Hunderte von Toten hinterläßt). Dennoch ist die Neigung, sich staatlichen Reglementierungen zu unterwerfen, genauso gering wie im Süden des Landes, in Sizilien, Kalabrien, der Campagna, in Apulien.

Nach einer Umfrage des Nachrichtenmagazins ›L'Espresso‹ vom Februar 1992 haben nur gute 28 Prozent der Italiener Vertrauen in die öffentliche Verwaltung, 67 Prozent mißtrauen ihr offen. An ein segensreiches Wirken der Gerichte zur Durchsetzung korrekter Normen glauben allenfalls 37 Prozent, während 60 Prozent kein Zutrauen haben zu den Menschen, die da unter dem in allen Gerichtssälen prangenden Spruch *La legge è uguale per tutti* (Das Gesetz ist für alle gleich) Recht sprechen sollen.

Und noch weniger Kompetenz und Ehrenhaftigkeit vermuten die Italiener bei denen, die die Gesetze schmieden: nur 24 Prozent halten etwas vom Parlament, 71 Prozent nichts oder fast gar nichts.

Daß sich die Gegen-Kultur im Norden und in der Mitte noch nicht wie in Unteritalien überwiegend in Mord und Totschlag manifestiert, führen böse Zungen weniger auf zivilisierteres Denken zurück als die Tatsache, daß die Geschäftemacher des Nordens mit ihren enormen ökonomischen Mitteln ihre Ziele auch auf andere Weise erreichen können – Mitteln, mit denen sie, im Gegensatz zum durchwegs illegal akkumulierten Mafia-Geld, meist auch noch arbeiten können.

Tatsächlich zeigen gerade die großen Industriellen- und Kaufmannsdynastien des Nordens immer wieder, wie entschlossen sie ihre Interessen auch gegen Gesetz und Recht durchsetzen und wie wenig der Staat ihnen bedeutet. Der Fernseh-Mogul Silvio Berlusconi aus Mailand arbeitete mit seinen drei landesweit ausstrahlenden Sendern *Italia 1, Retequattro* und *Canale Cinque* mehr als ein Jahrzehnt ohne jede Lizenz und Rechtsgrundlage, später sogar gegen die Verfügung verschiedener Gerichte. Immer wenn es ernst wurde, drohte er mit bösen Konsequenzen für die gerade Regierenden, und schon erwirkte das Kabinett entsprechende Sonderdekrete, die die Austrahlung ein ums andere Mal wieder ermöglichten. Als das Verfassungsgericht dann die Regierung zur Verabschiedung eines Mediengesetzes zwang, zögerten die von Berlusconi auf den Weg gebrachten Parlamentarier – vor allem die ihm besonders nahestehenden Sozialisten – die Sache jahrelang hinaus. Als sich die Schlußabstimmung nicht mehr vermeiden ließ, sorgte er mit einem Feuerwerk übelster Kommentare und Drohungen in seinen Zeitungen dafür, daß die Parlamentarier völlig in Verwirrung und am Ende nur den Status quo – und nicht eine Reduzierung der Senderechte – festschrieben. Danach stellte sich auch noch heraus, daß sie aus lauter Verwirrung die

Satellitensender nicht berücksichtigt hatten, so daß Berlusconi mit deren Hilfe nun bequem über jede im Gesetz vorgegebene Höchstgrenze hinaus ausstrahlen kann.

Als der Postminister Oscar Mammì Korrekturen durchführen wollte, kam es zur Regierungskrise – der Minister verlor sein Amt. Sein Nachfolger ist Sozialdemokrat und willfähriger Berlusconi-Erfüllungsgehilfe. Ein Meisterstück direkter Mitregierung gegen das Parlament.

Mitunter lassen die Industriellen aus dem Norden dem Volk auch expressis verbis mitteilen, wer in bestimmten Bereichen das Sagen hat: Als sich die leitenden Beamten der – damals noch zu 60 Prozent in Staatsbesitz befindlichen – Chemie-Industrie beschwerten, weil die Regierung gegenüber dem Konkurrenten aus der Privatindustrie, Raul Gardini mit seinem Lebensmittelkonzern Ferruzzi allzu willfährig war, blaffte Gardini unwirsch: »Was fällt euch eigentlich ein – Italiens Chemie-Industrie, das bin ich.«

Dem FIAT-Konzern gelingt es seit Jahrzehnten, Prozesse über die zu Hunderten festgestellten schweren Verstöße gegen das Arbeitsrecht und die Sicherheitsvorkehrungem im Betrieb durch schlaue Anwälte und merkwürdig hörige Richter immer so weit hinauszuzögern, bis sie entweder verjährt sind oder ein neues Verfahrensrecht die Sache im Sand verlaufen läßt. Auch auf die Medien können die Turiner Auto- und Waffenbauer enormen Einfluß ausüben: Nominell verfügt der Agnelli-Clan zwar nur über ca. 16 Prozent der Zeitungsauflagen (über ›La Stampa‹ und den ›Corriere della sera‹), doch als Agnellis Sohn Eduardo beim Rauschgiftgenuß in Afrika erwischt wurde und bei dieser Gelegenheit die totale Entfremdung zwischen dem Erben und dem Vater ans Tageslicht kam, verschwand das Thema innerhalb von drei Tagen aus der gesamten Presse, obwohl kritische Blätter und Magazine wie ›la Repubblica‹ und ›L'Espresso‹ die Sache zunächst groß aufgemacht hatten.

Mitunter sehen sich die Großen aus dem Norden gezwungen,

sozusagen die Geschicke des ganzen Landes in die Hand zu nehmen; die FIAT-Familie Agnelli hat bereits seit Jahrzehnten nahezu immer eines ihrer Mitglieder im Senat sitzen. Mitte der siebziger Jahre rückte Umberto, der Bruder des Patriarchen Gianni Agnelli, als Senator ein, dann war seine Schwester Susanna fast ein Jahrzehnt Staatssekretärin im Außenministerium und wachte so auch über alle für den Außenhandel interessanten Schritte der Regierung. Neuerdings brauchen die Agnellis nicht einmal mehr um die Wiederwahl zu bangen: Familienchef Gianni wurde 1991 von Staatspräsident Cossiga zum Senator auf Lebenszeit ernannt.

Als es der Regierung zu Beginn der 70er Jahre nicht gelang, die mächtigen Gewerkschaften kleinzukriegen, ergriffen die FIAT-Eigner die Initiative. Während eines Generalstreiks ließen sie 40000 Fachkräfte der Mittelschicht und des Managements in den Straßen Turins gegen den *sciopero* demonstrieren. Der Ausstand brach daraufhin zusammen – es war der Anfang vom Ende der gesamten Arbeiterbewegung in Italien.

Derzeit sind die FIAT-Herrscher gerade wieder mal dabei, die Zukunft direkt und ohne politische Mittler in ihrem Sinn zu regeln – und das ist das deutlichste Zeichen, wie sehr die Industriellen die derzeitige Situation als Krise und als Beginn einer großen Transformation des Landes ansehen. Als die Regierung sich einige Male mit den Industriellen anlegte und ihnen zu geringes Engagement für die Sanierung des Staates vorwarf, drohte Agnelli, seinen eigenen Generalmanager Cesare Romiti zum Präsidenten des mächtigsten Wirtschaftsverbandes Confindustria zu machen. Damit hätte er jeder künftigen Regierung das Leben enorm sauer machen können. Regierungschef Andreotti, sonst einer der besten Aussitzer kritischer Situationen, verstand und signalisierte sofort Entspannung. Agnelli machte daraufhin einen eher bläßlichen Funktionär zum Verbandschef – mit der gleichzeitigen Drohung, daß er den Mann sofort zum Rücktritt bewegen und seinen Romiti doch noch an die Front schicken werde, wenn die Regierung nicht spurt. Flankierend hatte er bereits vorher die von ihm gesponserte industrienahe Republikanische Partei aus der Regierungkoalition, der sie mehrere Jahrzehnte lang angehört hatte, herausgelöst und – nach dem Zusammenbruch der Linken – unter ihrem intelligenten und charismatischen jungen Vorsitzenden Giorgio La Malfa zum eigentlichen Zentrum der Opposition gemacht.

Seither buhlen Regierungsvetreter in geradezu peinlicher Weise darum, die Republikaner wieder in ihrer Mitte begrüßen zu dürfen – doch das wird kosten. Dem von der EG bereits wiederholt angemahnten und von FIAT gefürchteten Antitrustgesetz dürfte da z.B. kein sonderlich günstiges Schicksal beschieden sein.

Dennoch wäre es zu vordergründig, wollte man den Unternehmern nur Willkür und das Ausleben persönlicher Präpotenz beim Auferlegen »ihrer« Gesetze unterstellen. Italien hat nach dem Krieg den Weg des uneingeschränkten Kapitalismus gewählt (dessen negative Folgen dann der Staat durch ständige Verstaatlichung unrentabler Unternehmen kompensierte). Dabei hatte es, im Unterschied zu Mitteleuropa, aber nicht auf große anonyme Aktiengesellschaften gesetzt, sondern ganz und gar auf die mächtigen Industriellenfamilien. Diese wurden mit ihren Privatimperien zu Zugpferden der Wirtschaft, zu Konjunktur-Indikatoren und internationalen Aushängeschildern. Derart, daß die Presse im gesamten Westen bald dem jährlichen Aktionärsbericht des jeweils herrschenen Oberhaupts der FIAT-Familie Agnelli schon lange mehr Aufmerksamkeit schenkt als den Regierungserklärungen der Ministerpräsidenten. Wo Außenpolitik von Konzerneignern gemacht wird und die Regierungen überwiegend mit Postenschiebereien und dem Stopfen von Löchern infolge hemmungsloser Klientelwirtschaft beschäftigt sind, muß man sich nicht wundern, wenn die Trusts sich ihre Gesetze selbst schneidern und ungeniert staatliche Vorschriften für Kappes erklären.

Doch nicht nur Mafiosi und Wirtschaftsgiganten zeigen, wie sehr sie im Zweifelsfall ihre eigenen Vorstellungen vom Erlaubten, von Moral und Gesetz über die offizielle Doktrin vom staatsbürgerlichen Verhalten stellen; auch der sogenannte »kleine Mann« schert sich herzlich wenig um das, was ihm Schule, Kirche und Politiker an staats- und gesetzeskonformen Verhalten beizubringen versuchen. »*Eh, se no si fa tardi*«, sonst kommen wir zu spät, sagt unser Freund Carlo Censi, als er bei Rot über die Kreuzung fährt und meine Frau eine Bemerkung darüber macht: Die Ampel, so Carlo, sei sowieso unsinnig, da die Kreuzung übersichtlich und damit auch ohne alle Regelung zu bewältigen sei. Und im übrigen: die Straßen zu unserem Ziel seien in sehr schlechtem Zustand, man müsse also langsam fahren, was wiederum Schuld des Staates sei – und wozu soll man sich da dann an dessen Vorschriften halten? Daß wir zu spät weggefahren sind, weil er uns unbedingt noch in seiner Wohnung einen Espresso kredenzen mußte, kommt als Erklärung für die Verspätung überhaupt nicht in Betracht. Wer in einen Unfall verwickelt wird (oder zuhört, wie sich die Beteiligten danach auseinandersetzen), hört vom Schuldigen unweigerlich »Ich habe gerade woanders hingesehen«, »Ich habe Sie einfach nicht bemerkt«, »Ich habe gerade an etwas ganz anderes gedacht« oder auch »Die Ampel war doch erst kurz auf Rot«. Derlei Sprüche, die allenfalls erklären, warum es zum Unfall gekommen ist, gelten in Italien regelrecht als Rechtfertigung – was kann ich dafür, daß Sie bei Grün losfahren, wo ich gerade in Gedanken bin und eben noch bei Rot drüberbrause. »Schimpfen hat da überhaupt keinen Sinn«, belehrte mich ein ehemaliger Botschafter Italiens in Deutschland, »die Leute haben, im Gegensatz zu Ihnen, bei so etwas meist gar kein Schuldgefühl, sondern empfinden höchstens eine grenzenlose Wut über die dämliche Ampel, die die Obrigkeit dort hingestellt hat.«

Analog die Reaktion auf andere Reglementierungen. Kaum

jemand, der bauen will, wartet heute den Bescheid auf seinen Antrag ab – es dauert in der Regel Jahre, bis alles durch ist, weil man in Italien noch immer keine übergreifenden Amtsabläufe kennt. Man muß zum Baudezernenten, zum Bürgermeister, dann zur Provinzverwaltung, zur Regionalverwaltung, weil jede dieser Stellen für bestimmte Genehmigungen zuständig ist, die einen für die Architektur, die anderen für den Umweltschutz, für den Erhalt bäuerlichen Grundes, für die Erschließung; nimmt man öffentliche Gelder in Anspruch, müssen die beauftragten Firmen von der Antimafia-Kommission auf laufende Strafverfahren überprüft werden. Jede dieser Stellen braucht Monate, und will man noch zu Lebzeiten bauen, sollte man immer eine *bustarella* bereithalten, einem Umschlag mit einigen Hunderttausendlirescheinen, ersatzweise Naturalien.

So setzt man eben in einer Nacht die Grundmauern und das Dach des beabsichtigten Baus in die Gegend, das Gebäude darf dann nicht mehr automatisch abgerissen werden. Tags darauf kommt meist die Stadtpolizei, beschlagnahmt den Rohbau, man kommt vor Gericht, zahlt eine mäßige Strafe oder bekommt, wenn man in geschützten Zonen gebaut hat, auch mal vier Monate auf Bewährung, und kann dann weiterbauen. Versuche mutiger Amtsrichter, den Abbruch zu verfügen, scheitern in der Regel in der Revisionsinstanz – dort sitzen bereits arriviertere Kollegen, die selbst ihr Häuschen nicht ganz legal gebaut oder ein derartiges Appartement gekauft haben. Und oft sind die Richter dort politisch auch stark abhängig und haben deshalb ein Auge auf mögliche Schrecken für die Wählerschaft insgesamt. Ergebnis: die illegalen Häuser bleiben zu 99 Prozent doch stehen, und bald wird die Stadt gezwungen, bisher noch als rein agrarisch ausgewiesene oder als Reservate geschützte Gebiete zu erschließen, was natürlich weitere Bautätigkeit und damit Naturzerstörung provoziert.

Mitunter sind allerdings die staatlichen Vorschriften auch so verquer, daß nur der Rechtsbruch bleibt. Als wir in unserem

Garten, in Ermangelung einer städtischen Kanalisation, eine neue geschlossene Kläranlage einbauen wollten und diese auch mit allen möglichen modernen Säuberungsvorrichtungen aus Deutschland versahen, waren die zuständigen Behörden der Gemeinde aufs höchste begeistert. Das Vierkammernsystem sollte allen, die Ähnliches planen, als Muster vorgeführt werden. Der Bürgermeister, der Baudezernent, der Umweltschutzbeauftragte, alle gaben ihr Plazet.

Dann kam der Gesundheitsdezernent und sagte: »*No*«. Der Grund war einfach: Unsere Grube mußte natürlich ab und zu geleert werden. Doch die einzige zentrale Kläranlage der Stadt war soeben von einem umweltbewußten Amtsrichter geschlossen worden, weil man sie ausgerechnet über die einzige Heilquelle des Ortes gestellt hatte; überdies entließ sie seltsamerweise mehr Schadstoffe ins Meer, als in sie hineingepumpt wurden (was damit zusammenhing, daß die Anlagenbauer, gut bestochen, schwarz eine Anzahl Direktleitungen von Hotels und anderen nahen Gebäuden drangehängt hatten, die so keine Kanalgebühren bezahlten). Wohin also mit dem Abwasser, fragte der Dezernent und blieb bei seinem Nein.

Als ich damit drohte, die absurde Geschichte zu veröffentlichen, fiel dem Gesundheitsdezernenten plötzlich doch eine Lösung ein: Man solle ganz einfach die letzte Grube *a disperdere* machen, zum Versickern in den Boden ... Genau das, was streng verboten ist, zumal auch das Trinkwasser aus dem Boden geholt wird.

Am Ende mußten wir uns fügen; die letzte Grube bekam am oberen Beckenrand einige Löcher, durch die das – allerdings schon weitgehend saubere – Wasser in die Erde sickert. Und der Gesundheitsdezernent gab dem eindeutig rechtswidrigen Plan sein Plazet.

Derartige Situationen sind in Italien alltäglich. Die Schere klafft nicht nur zwischen dem »Volksempfinden« und den geltenden Gesetzen, sie klafft auch unübersehbar zwischen den

Vorstellungen der Gesetzesmacher und der praktischen Realisierung ihrer Normen.

Ausgerechnet das Land, das das formale Recht erfunden hat, dessen berühmte Universität Bologna seit dem Mittelalter die Rechtsbegierigen und -gelehrten aus ganz Europa angezogen und seine Philosophie in allen Länder des Westens verbreitet hat, ausgerechnet dieses Land zeigt sich mittlerweile außerstande, seinen Bürgern auch nur ein Minimum an Rechtssicherheit und Berechenbarkeit zu geben. Vorgänge, die jedem Jurastudenten im ersten Semester die Haare zu Berge stehen lassen, sind an der Tagesordnung, Mal werden Gesetze rückwirkend in Kraft gesetzt (so das über die Bedingungen für Haftverschonung), mal ein ganzes »Jahrhundertwerk« verabschiedet, das sich schon vom ersten Tag an als Reinfall erweist (so das neue Strafverfahrensrecht, für dessen neueingeführte Rechtsorgane man jeglichen Ausbildungsgang vergessen hat). Die Vorschriften über die Dauer der Untersuchungshaft sind bis heute von derartiger Naivität, daß Tausende gefürchteter Killer und Schwerverbrecher frei im Lande herumlaufen können, auch wenn sie schon in zwei Instanzen zu Lebenslänglich verurteilt wurden. Die in nahezu allen anderen Ländern üblichen Bedingungen für die Anordnung von Haft – in der Regel Flucht- und/oder Verdunkelungsgefahr – kennt Italien nicht. Statt dessen wird die Dauer der *Custodia cautelare* rein schematisch nach dem bei Schuldspruch zu erwartenden Höchstmaß festgelegt. Früher durften dabei 30 Prozent der zu erwartenden Strafe, maximal jedoch drei Jahre nicht überschritten werden; während der heißen Zeit des Terrorismus in den 70er Jahren wurde das Höchstmaß auf fast elf Jahre erhöht. Das rief natürlich Menschenrechtsorganisationen und den Internationalen Gerichtshof auf den Plan. Also setzte man das Maß wieder herunter. Für die – oft zu Unrecht – in Haft gehaltenen Terrorismus-Verdächtigen kam das freilich zu spät, ihre Verfahren waren inzwischen überwiegend abgeschlossen – ohne daß nach italienischen Recht jemand Anspruch auf Entschädigung hatte. Freuen durften sich nun jedoch Mafiosi und andere Gangster. Von ihnen hatten die Staatsanwälte seit Mitte der 80er Jahre mehrere hundert festgesetzt – und die kamen nun reihenweise wieder frei, weil ihre Anwälte das Verfahren so weit hinauszuzögern wußten, bis die jetzt wieder maximal drei Jahre betragende Höchstzeit für U-Haft überschritten war.

Die Frage ist, warum Italien sich außerstande zeigt, ein einigermaßen sicheres Rechtssystem zu entwerfen. Die Meinungen darüber gehen da ziemlich auseinander.

So vermuten Soziologen wie Nando dalla Chiesa von der Bocconi-Universität Mailand vor allem »einen massiven Einfluß all derer, die mit dem derzeitigen System gut fahren: von halbseidenen Politikern, Dunkelmännern, einflußreichen Unterweltlern, im Trüben fischenden Finanziers«. Tatsächlich gibt es genug Beispiele, wo es z.B. der Mafia in Verbindung mit Geheimlogen gelungen ist, für sie gefährliche Gesetzesvorhaben durch die Auslösung einer Regierungskrise für Monate oder gar Jahre zu blockieren. So etwa Mitte 1982, als der damalige Finanzminister Rino Formica das öffentliche Bauwesen und den – in Italien meist Privatfirmen übertragenen – Steuereinzug reformieren und stärkerer Kontrolle unterwerfen wollte. Da genügte eine Handvoll sizilianischer Abgeordneter, die im Auftrag mafioser Bauhaie und Steuerpächter gegen die Regierung stimmten, und schon mußte der damalige Ministerpräsident Spadolini wochenlang um ein neues Koalitionsprogramm feilschen. Die Minister- und Staatsekretärsposten blieben bei der Regierungsneubildung völlig unverändert – verschwunden waren jedoch die fraglichen Punkte im Regierungsprogramm.

Andere Fachleute, wie der Politologe Giorgio Galli, rechnen die Ineffizienz der italienischen Legislative dem »unvollkommenen demokratischen Modell« zu, das »seit Kriegsende keinen echten Regierungswechsel zugelassen und damit den Zugriff neuer, andersdenkender Kräfte auf die Schaltstellen der

Politik blockiert hat« (*democrazia bloccata* ist in der Tat auch einer der gebräuchlichen politologischen Begriffe für den Mangel an Alternative). Daß eine einzige Partei, die *Democrazia cristiana,* seit dem Ende des Weltkriegs ununterbrochen in der Regierung sitzt und mit Ausnahme von insgesamt fünf Jahren stets auch den Ministerpräsidenten stellte, ist in der Tat ein absoluter Europarekord und hat unter den demokratischen Staaten, nur in Japan mit seiner Liberalen Partei eine Parallele.

Pragmatiker der aktiven Politik wiederum, wie etwa der stellvertretende Vorsitzende des Justizausschusses, Luciano Violante, sehen die Parlamente und daraus folgend auch die von Gesetzen abhängige Gerichtsbarkeit »eben völlig eingemauert und paralysiert durch den ewigen Schacher um Posten und Milliarden, die verdeckte und oft genug auch offene Verbindung zwischen den Programmpunkten der Koalition und dem Zuschanzen lukrativer Pfründe«. Daß es an juristischem Fachwissen, an Erkenntnissen über sinnvolle Lösungen mangelt, glaubt Violante, selbst zwei Jahrzehnte lang Untersuchungsrichter, »auf keinen Fall«.

Allerdings gibt auch er zu, daß es in Italien »leider allzuoft am Blick über den Zaun fehlt«: Modelle anderer Länder werden zwar immer mal zitiert, wenn man politische Gegner treffen oder Wähler gewinnen will, doch »meist werden sie falsch oder unvollständig wiedergegeben, und das entwertet auch die positiven Aspekte solcher Beobachtungen sehr schnell«. Dabei, so Violante, »wäre natürlich im zusammenwachsenden Europa gerade die eingehende Kenntnis anderer Systeme grundwichtig.«

Es ist die wohl wichtigste Beobachtung in diesem Zusammenhang: Gerade in der Zeit, wo eine Angleichung an andere Rechtsvorstellungen nicht nur notwendig, sondern durch die EG-Verträge regelrecht unvermeidlich wird, rotieren Italiens Politiker noch immer mit dem Blick nach innen.

Das hat freilich auch oft recht läppische Gründe: So ist Italien ein Land mit extrem wenig Fremdsprachenpflege. Die Kenntnis von Fremdsprachen beschränkt sich in aller Regel auf heimgekehrte Gastarbeiter oder Emigranten, und die beherrschen meist nur ihren beruflichen Jargon und etwas Alltagssprache. Selbst Englisch oder Französisch, das die Schüler ab der 5. Klasse lernen, bleibt meist derart in den Anfängen stecken, daß man dreimal hinhören muß, ehe man herausbringt, in welcher Sprache da gerade gekauderwelscht wird.

Auch auf akademischem Niveau ist nur wenig Fremdsprachenkenntnis vorhanden; bei den Politikern, wie Umfragen ergaben, ist in dieser Hinsicht fast stets Fehlanzeige. Im gesamten Kabinett Craxi, der sich als besonders modern und weltmännisch präsentierte, konnten nur zwei Minister mehr als zwei Fremdsprachen, ein einziger traute sich ein Interview in einer auswärtigen Sprache zu. Acht der dreißig Minister glaubten, sie hätten Alltagskenntnisse, wollten aber keinen einzigen Satz davon zum besten geben.

Daß in solcher Situation nicht nur ausländische Modelle, sondern auch die auf das Land zukommenden übergeordneten europäischen Normen nur rudimentär bekannt und noch weniger exakt angewandt werden können, liegt auf der Hand. So fabulieren sich die Minister, vom Justizressort bis zum Kultusministerium, allerlei über ausländische Systeme und die Brüsseler Vorschriften zusammen. Und fallen dann aus allen Wolken, wenn Fachleute, manchmal auch internationale Gerichtshöfe, ihnen im besten Falle Naivität und Unkenntnis, im schlechtesten Falle Böswilligkeit und Rechtsbruch vorwerfen.

So hantieren z.B. viele Politiker derzeit mit dem »deutschen Modell der Kanzlerdemokratie«, wobei sie frischfröhlich behaupten, da werde der Kanzler »direkt vom Volk« gewählt. Die Verfechter einer Präsidialrepublik wiederum verweisen auf das »erfolgreiche französische Modell«, ohne mitzubekommen, daß die Franzosen gerade dabei sind, ihres zu verschrotten. Die Schulgesetzgebung Italiens beruft sich immer mehr als deutsche Effizienz – und tut dabei so, als seien gute deutsche Schüler ausschließlich Frucht von Zucht und Ordnung; hören sie von einer Ausbildung in Gruppendynamik und pädagogischer Psychologie, müssen sie in der Regel aber zuerst mal nachfragen, was denn das sei.

Natürlich dürfen diese Beobachtungen nicht als ein Plädoyer für ein kritikloses Kopieren fremder Systeme verstanden werden, im Gegenteil: Vieles, was im Ausland aufgrund der dortigen historischen Entwicklungen funktionieren mag, ist für Italien unbrauchbar, wie auch umgekehrt. Doch sicher wäre manches, was in Italien politisch, juristisch, gesellschaftlich im argen liegt, mit anderwärts erprobten Mitteln besser anzugehen als mit den ewigen Versprechungen der Politiker und Beamten, die dann doch nicht gehalten werden.

Doch da ist die gesamte Herrscherkaste des Landes vor: Auch sie lebt ja von ihren selbstgeschneiderten Gesetzen, die so ganz und gar nicht mit den offiziell verkündeten übereinstimmen. Stoßen sich die Machthaber bei derartigen Verbiegungen doch den Schädel an, etwa indem ausländische Partner sie vor die Alternative Modernisierung oder Ausschluß stellen, haben sie ein weiteres Mittel parat, am Ende doch alles beim alten zu lassen. Nun geht es nach der Methode »Haltet den Dieb«: Die Frage, die die Herrschenden dann behende stellen, ist nicht die nach den Verantwortlichen für das Desaster – sondern, warum jene, die die Fehler aufdecken, das denn tun. Und man darf gewiß sein, daß sich damit unverzüglich die gesamte Journaille und danach auch die Phantasie des Volkes ans Werk macht, die entsprechenden Hintergründe zu entdecken – oder zu erfinden. Das einschlägige System heißt *dietrologia*.

XI
Dietrologia: Hinter die Dinge schauen – um nichts zu sehen

Sie gehört ganz sicher zu den Elementen, die Italiens Blick nach vorne heute ganz besonders behindern: jene zur Manie gewordene Eigenschaft, Dinge nie so zu nehmen, wie sie gerade aussehen, sondern stets nach Hintergründen zu suchen für alles und jedes, was passiert. Nichts darf so sein, wie es sich präsentiert – Vorgänge ohne profunde Hintergründe kann es nach italienischer Meinung offenbar nur schwer geben, und das gilt für die Politik, die Wirtschaft, die Kultur ebenso wie für den Sport oder für den ganz profanen Alltag. Der schlichte Satz »Die Gesundheitsämter funktionieren überwiegend schlecht«, könnte von jedem Italiener unterschrieben werden. Wird er tatsächlich formuliert, und das vielleicht noch öffentlich oder in einer Zeitung, macht sich sofort ein Heer von Fährtensuchern auf, um herauszufinden, warum gerade dieser Mensch oder diese Zeitung diesen Satz gerade heute und unter Zitierung gerade dieser Gewährsleute formuliert hat.

Diese, fast zu einer eigenen Disziplin gewordene Tätigkeit heißt *dietrologia,* was nichts mit Diät zu tun hat, sondern von *dietro,* dahinter, kommt. Ein Dietrologe ist ein Mensch, der hinter die Dinge guckt. *Bisogno vedere dietro,* heißt sein Standardsatz: Man muß dahinter schauen. Mit dem Spruch gewinnt der Politiker Zeit, läßt der Star Kritik an sich abprallen, entkommt der Fußballer nach miserablen Spiel in die Kabine. *Dietrologia* wird sozusagen mit dem ganz normalen Denken mitgeliefert, ist Bestandteil des Verständnisses in jeglicher Kommunikation. Der gehörte Satz wird nie rein semantisch verstanden, die Aktion oder Tat des anderen nie als einfaches Faktum genommen, sondern immer in Einheit mit dem Sprecher oder Täter aufgenommen, ja mehr noch: in Einheit mit dem Ambiente, dem Hintergrund, den man hinter dem Sprecher vermutet, eben *dietro*.

Ich bin mir darüber klar, daß all das wie eine überspitzte, karikierende Darstellung einer verbreiteten Haltung erscheint; aber ich meine es ernst. In den fast dreißig Jahren mehr oder minder ununterbrochenen Aufenthalts in Italien habe ich mich noch immer nicht ganz daran gewöhnen können. Was immer man sagt und tut, man muß sich von Freunden und Gegnern, von Geschäftspartnern und Nachbarn zuallererst daraufhin untersuchen lassen, was man damit »eigentlich« will.

Als meine Frau und ich zum fünfundzwanzigsten Jahr unseres Häuschenbaus in Terracina der Stadt ein kleines Präsent machen und eine Woche lang kulturelle und sportliche Veranstaltungen organisieren wollten, überlegten die Stadtväter zuallererst, wieviel Geld wir ihnen dafür wohl abknüpfen wollten. Wir versicherten, daß wir keinerlei Mittel beantragen, sondern nur die Veranstaltungen ankündigen wollten, – das brachte die Krise dann erst so richtig zum Ausbruch: Wieso machen die das? Wer schickt sie? Wem wollen sie schaden? Bürgermeister kann der ja nicht werden wollen, er ist ja Ausländer, aber wer könnte dahinter stehen? Eine für eine Kleinstadt geradezu gigantische Recherchemaschinerie setzte sich in Gang, Blockademechanismen wurden für alle Fälle schon mal ausgelöst, um mögliche Auswirkungen der vermuteten Beweggründe rechtzeitig abfangen zu können.

Wir selbst bekamen die Flüsterpropaganda sehr viel später mit, auf der Suche nach der Klärung bestimmter unangenehmer Nebenerscheinungen – etwa als wir den für einen internationalen Kongreß gemieteten Saal betraten und alle Tische weggeräumt waren, angeblich um sie in einem Wahllokal anderwärts zu plazieren. Daß wir uns einfach freuten und für die 25 Jahre Gastfreundschaft danken wollten, hat uns lange keiner abgenommen, wahrscheinlich glauben es viele bis heute nicht.

Und so suchen die meisten Italiener denn auch in der aktuellen wirtschaftlichen, sozialen, politischen Krise nicht nach Möglichkeiten, ihr zu entkommen, sie zu bewältigen, sondern wollen zuallererst herausfinden, wer denn hinter dem Gerede von der Krise steckt, welch düsteren Mächte – vorwiegend im feindlichen Ausland – sie den Italienern eingebrockt haben und was diese damit bezwecken. Regierungen werden so kaum einmal an dem gemessen, was sie angerichtet haben, sondern allenfalls daraufhin abgeklopft, wer dahinter steht und welche Interessen sie verwirklicht haben. Ob das gut oder schlecht fürs Volk ist, spielt gegenüber dem Erfolgserlebnis, herausgefunden zu haben, wer sich *dietro le mosse*, hinter den Manövern der Regierung verbirgt oder welche »eigentlichen« Vorhaben die Machthaber hinter ihrem Reden und Tun verborgen haben, keine Rolle. Und so ist es auch im Alltag.

Wenn Ministerpräsident Andreotti sagt, er sei müde und habe keine Lust mehr, Fragen zu beantworten, glaubt dem immerhin schon Dreiundsiebzigjährigen kein Mensch, daß er müde ist, selbst wenn er schon schnarcht: O nein – warum sagt er, er sei müde? Warum sagt er es gerade jetzt, um zwei Uhr nachts? Und zu wem hat er es gesagt – wem will er damit welche Botschaft übersenden? Oppositionsführer Occhetto etwa, berühmt für seine einschläfernden Reden? Oder seinem Regierungskompagnon und Intimfeind Craxi, dem er damit unruhige Träume wünscht?

Fragen über Fragen, die den Dietrologen überfallen. Und nicht nur in der Politik. Die schlichte Bitte »Können Sie mir mal den Zucker herüberreichen« vermag wahre Fluten von Reflexionen auszulösen – Warum will er den Zucker gerade von mir, wo doch noch andere Leute am Tisch sitzen? Warum ausgerechnet Zucker – und warum gerade jetzt, wo ich Käse esse?

Immerhin: von der Dietrologie läßt sich's leben – die Journale zeigen es tagtäglich. Nichts ginge da ohne Dietrologen, keine Seite käme zustande. Ein Bürgermeister tritt nach vierzig Dienstjahren zurück – kein Grund, an die verdiente Pension des Mannes zu glauben, nein, das kann nur politisch motiviert sein oder durch einen Skandal in der Familie. Ein Skifahrer bricht sich beim Fußballspielen den Knöchel – das kann kein normaler Unfall sein, wozu spielt der überhaupt Fußball, und mit wem – und wer hat da draufgehauen? Sabotage der nächsten Meisterschaften? Eifersucht? Geheimdienst?

Italiens Zeitungen zählen auf dem alten Kontinent zu den auflagenstärksten – die beiden Flaggschiffe ›la Repubblica‹ und ›Corriere della sera‹ erreichen die Million, einzelne Sportzeitungen gar über vier Millionen. Tatsächlich füttern die Blätter ihre Leser weniger mit handfesten Fakten, sondern vor allem mit immer neuen Mutmaßungen über das *dietro* ansonsten stinknormaler Vorgänge wie Scheidungen, Kunstdiebstahl oder Formtiefs.

Und noch andere profitieren von der *dietrologia*: die dunklen Gestalten der Mafia und anderer verschworener Zirkel. Langzeituntersuchungen belegen, daß ein Großteil ihrer Morde weder direkt etwas mit ihren Geschäften noch mit Ehrenkodizes noch mit Rache zu tun haben, sondern nur den Mafia-Mythos von Allmacht und Allgegegenwart stärken sollen. Denn: wo immer im Süden jemand erschossen wird, konstruiert sich die Öffentlichkeit das Motiv dazu. Als auf dem Grünen Markt in Palermo drei Männer erschossen wurden, titelte tags darauf ›l'Ora‹: »Auch die jungen Ermordeten waren Killer.« Im Artikel selbst kein Wort davon, auch später kam nichts dergleichen zutage; doch der Automatismus der Titelei war frappierend: drei Tote, die müssen etwas mit der Mafia zu tun haben... Schau schau, wer hätte das von denen gedacht.

So geraten denn auch alle anderen Felder nahezu automatisch in den Einzugsbereich der Dietrologie. Daß die *Azienda Italia*, der Betrieb Italien, nicht mehr läuft, läßt sich unschwer auf veraltete Strukturen, Leichtsinnigkeit bei der Planung der Zukunft, Dumpingpreise und nicht immer haltbare Versprechen bei der Auftragsaquisition zurückführen, sowie auf eine überaltete Führungsriege in Politik und Managment. Das wissen die Italiener, sehen, fühlen, hören es auch täglich und klagen darüber – doch wehe, ein ausländisches Wirtschaftsforschungsinstitut oder internationale Wertungsstellen, die EG-Kommission oder das Außenministertreffen weist auf just dieselben Tatsachen hin: sofort verschwinden die einschlägigen Fakten im Nirwana, an ihre Stelle treten seiten- und tagelange Grübeleien und Enthüllungen, wer da im bösen Ausland die Italiener diskreditieren, majorisieren, deprimieren will.

Mitte 1991 erklärte der italienische Haushaltsminister Guido Carli in Übereinstimmung mit dem Notenbankpräsidenten Azeglio Ciampi, die nationale Wirtschaft stecke in einer tiefen Rezession und werde aufgrund des notorischen Haushaltsdefizits so schnell auch nicht zu sanieren sein. Italien senkte deprimiert den Kopf. Wenige Tage danach griffen die Weltbank, die EG-Kommission, dazu Magazine wie ›U.S.News‹ and ›World Report‹ die inneritalienischen Prognosen auf, einige Forschungsinstitute entzogen Italien den dritten Stern (Zeichen der höchsten ökonomischen Kategorie). Sofort waren die zugrundeliegenden Äußerungen der italienischen Stabilitätshüter vergessen, statt dessen gab es eine wahre Flut von Veröffentlichungen über die Neidhammel im Ausland, überschwemmten Hunderte historischer Berichte über Irrtümer dieser internationalen Stellen die Italiener. Und natürlich gab es dann die gewohnten düsteren Hinweise auf die bösen Franzosen und Engländer, denen Italien nach eigener Meinung längst den fünften Platz in der Weltrangliste der potentesten Industrienationen abgelaufen habe und die sich über ihre amerikanischen Freunde nun rächen wollten.

Der Hang zur *dietrologia* hat aber noch einen weiteren

Aspekt, eine besonders weittragende »Kehrseite« sozusagen. Da die meisten Italiener voraussetzen, daß ihre Worte und Taten auf Hintergründe abgeklopft werden, beziehen sie in ihre Gespräche auch immer die Person des Partners mit ein, seine – von ihnen gemutmaßte – Art, ihre Worte zu werten, ihre Taten zu verstehen, Hintergründe zu unterstellen. Eine vor allem für Journalisten, die ja an Tatsachen und weniger an Mutmaßungen interessiert sein sollten, geradezu unfehlbare Falle: Was auch immer man gesagt bekommt – man muß sich klarmachen, daß es vermischt ist mit allerlei Kautelen und Zusätzen, mit denen die Gesprächspartner gleichzeitig mit ihren Mitteilungen auch schon die erwartete *dietrologia* ihres Gegenüber mitzubestimmen versuchen.

Nur selten nämlich gibt ein Informant oder Interviewpartner Nachrichten so einfach und ungeschminkt weiter, daß der Journalist damit einigermaßen realitätsnahe Artikel schreiben kann; doch da speziell der Auslandsschreiber das nicht weiß, gerät er oft in Gefahr, die Mischung aus Tatsachen und hineingewurstelten Unterstellungen oder Absicherungen für bare Münze zu nehmen. Der Gesprächspartner hat seine präzise Idee, was der Journalist von der Sache versteht und was nicht, was man ihm intellektuell zumuten kann, wie weit seine Kenntnisse inneritalienischer Verhältnisse und Intrigen reichen – vor allem aber denkt er vorher darüber nach, was der Journalist möglicherweise bei ihm selbst an Hintergründen vermutet. Genau danach wird er seine Informationen und Bewertungen ausrichten – wobei er freilich stets gekonnt auch noch den Eindruck vermittelt, rückhaltlos alles zu sagen, was er weiß. Alte Hasen im Mediengeschäft registrieren meist mit Schmunzeln, wie ihre erst kurze Zeit – und das heißt für italienische Verhältnisse: drei, vier oder fünf Jahre – im Land weilenden Kollegen immer wieder mit groß aufgemachten Artikeln daherkommen, die doch nur Halbwahrheiten oder längst widerlegtes aus Realität und hintergründelnder Phantasie zusammengebrutzeltes Zeug wiederkäuen, das ihnen jemand als »die« Wahrheit aufgetischt hat.

Meine eigenen Erfahrungen wurde auf diesem Sektor besonders intensiv, als ich mich Anfang der 80er Jahre mit der Abfassung eines Buches über den Fall des 1978 entführten und dann ermordeten christdemokratischen Parteichefs Aldo Moro befaßte. Da wollte es mir zuerst erscheinen, als seien sämtliche Ansprechpartner – von Polizisten über Staatsanwälte und Parlamentarier bis hin zu engen Freunden Moros und seinen Verwandten allesamt nur darauf aus, mir die Hucke vollzulügen. Kaum überprüfte ich die »Wahrheit«, die mir die einzelnen Personen aufgetischt hatten, stellte sich heraus, daß sie mich nur stückweise, halbwahr, mitunter völlig falsch informiert hatten. Erst mit der Zeit bekam ich heraus, daß die Gespächspartner mir stets nur ihre eigene *dietrologia* des Falles vorgesetzt hatten, und dies noch dazu in der Art, wie sie glaubten, daß ich als Ausländer es verstehen könne. Erst nachdem ich gelernt hatte, die verschiedenen Angaben auch im Hinblick auf einfließende Hintergrund-Vorstellungen abzuklopfen, entstand ein Gerüst, auf dem ich das Buch dann aufbauen konnte.

Dasselbe Problem, das Journalisten oder Publizisten bei dieser Gelegenheit begegnet, stellt sich nun auch für alle, die sonst mit Italien zu tun haben – für ausländische Politiker zum Beispiel, für Brüsseler Eurokraten, für EG-Juristen, für Verhandlungspartner auf wirtschaftlichem oder kulturellem Gebiet. Umgekehrt aber stellt sich das Problem aber auch für die Italiener selbst. Nur selten finden sie Ansprechpartner im Ausland, die diese Eigenart kennen und richtig einschätzen. Zahlreiche Mißverständnisse und Fehlinterpretationen italienischer Versprechen oder Ankündigungen rühren daher.

Berühmt ist da eine Episode aus den 70er Jahren, als der damalige NATO-Generalsekretär Luns den seinerzeitigen Außenminister Aldo Moro nach einer zwanzigminütigen Rede fragte: »Haben Sie nun zugestimmt oder abgelehnt?« Moro ging wieder ans Podium – und wiederholte, ohne Manuskript, fast wortgleich seine Rede. Luns hatte noch immer nicht verstanden, und so repetierte Moro noch ein weiteres Mal. Luns am Ende resigniert: »Ich glaube, er hat ja gesagt.« Liest man die drei Reden heute durch, erkennt man, daß Moro lediglich verzweifelt versucht hatte, inneritalienische Vorgänge mit all ihren – von ihm unterstellten oder tatsächlichen – Hintergründen Zuhörern verständlich zu machen, die seiner Ansicht nach eben keine Ahnung von der Kompliziertheit italienischer Denkweisen haben.

Der Umgang mit der italienischen *dietrologia* bekommt nun eine ganz besondere Bedeutung, wenn man sich jenem Gebiet zuwendet, für das Italien leider immer wieder in die Schlagzeilen gerät: der Kriminalität, besonders in der organisierten Form: Mafia, Camorra, der kalabresischen 'Ndrangheta, der apulischen Sacra corona unita. Hier wird es dem Normalbetrachter in vielen Fällen nahezu völlig unmöglich, Hirngespinste von Realität zu unterscheiden – zumal sich auf diesem Gebiet auch versierte Beobachter nicht mehr so recht aus den eigenen Dietrologien zu befreien vermögen und die Wirklichkeit mit allerlei hineingeheimnißten Versatzstücken soziologischer, politischer oder auch nur folkloristischer Art mixen.

XII
Malavita. Malavita?

Es gehört zu den Gemeinplätzen der Literatur über Mafia und Camorra – den bekanntesten Erscheinungen der *malavita*, des Verbrechertums in Italien –, auf eine »sozialregulative Funktion« hinzuweisen, die diese Gruppen angeblich ausüben, auf die »Besetzung vom Staat nicht ausgefüllter gesellschaftlicher Räume«, auf das Robin-Hood-Ansehen, das manche der Bosse genießen. Und dann werfen viele Autoren – auch italienische – die Mafia auch noch in einen Topf mit der *sicilianità*, führen die »Heißblütigkeit« des Südens als Grund für die brutalen Quälereien und Exekutionen an und erwecken im übrigen den Eindruck, als sei jeder auf der Insel, der sein Rechts- und Gesellschaftsempfinden nicht mit dem aus Rom verordneten in Übereinstimmung bringen kann, ein Mafioso. Ein Bezug auf die konkreten gesellschaftlichen Bedingungen, unten denen derlei Erscheinungen auftreten und wachsen können, unterbleibt meistens – oder wird, wenn schon eingebracht, ebenso plakativ oder romanhaft verfälscht wie die Wertung von Mafia oder Camorra.

Tatsächlich stimmen diese Klischees überhaupt nicht – und stimmen dann doch wieder, aber in sehr komplizierten Zusammenhängen, die mit der allgemeinen Einschätzung wiederum gar nichts zu tun haben.

Daß die Mafia ebenso wie die anderen mittlerweile auch im Ausland bekannten Formen krimineller Gruppen wie die neapolitanische Camorra oder die 'Ndrangheta in Kalabrien und die Sacra corona unita in Apulien gesellschaftliche Räume besetzten, steht außer Frage. Die Clan-Bosse entscheiden über wirtschaftliche Entwicklungen, über die Wahl bestimmter Politiker in Stadträte, Parlamente und Ausschüsse, halten Gericht über mißliebige, treulose oder unbequeme Gruppenmitglieder, über gefährliche Konkurrenten oder Ermittler und verhängen dabei abgestufte Sanktionen bis hin zur Todesstrafe – ohne daß es eine Revision gibt.

Doch mit einer »Besetzung vom Staat freigelassener Räume« hat das nichts zu tun. Bester Beweis: Immer dann, wenn der Staat Räume zu besetzen versucht, sich präsent gezeigt hat, die ihm zukommenden Aufgaben zu erfüllen, ist eine geradezu unvorstellbare Blutwelle über Unteritalien hereingebrochen. Sie beschränkte sich nicht mehr – wie sonst – auf Clankriege und Blutrache-Feldzüge, sondern artete in eine gnadenlose Hatz auf alle Repräsentanten gerade dieses »starken« Staates aus. Als zur Jahrhundertwende die italienische Regierung und die Vereinigten Staaten das Unwesen der »Schwarzen Hand« zu beenden versuchten, wurde gleich der erste hohe Polizist, der aus New York nach Palermo kam, ermordet. Mitte der 20er Jahre schickte Mussolini seinen härtesten Polizisten, den »eisernen Präfekten« Cesare Morì, nach Sizilien – die Mafia versuchte ihn unverzüglich umzubringen und engte seinen Spielraum durch zahlreiche Angriffe auf seine Leute so ein, daß er später leicht von einem mafiaverbandelten Abgeordneten ausgehebelt und nach Rom zurückgeschickt werden konnte. 1978 versuchte ein neuer Regionalpräsident (vergleichbar mit einem unserer Länder-Regierungschefs), Piersanti Mattarella, die Vergabe öffentlicher Aufträge zu durchleuchten – er wurde ebenso ermordet wie ein zur Generalreinigung der christdemokratischen Partei angetretener neuer Landeschef und der Vorsitzende der Kommunistischen Partei, der ein Antimafia-Gesetz im Parlament eingebracht hatte. 1982 wurde, um der Mordserie an hohen Staatsrepräsentanten ein Ende zu setzen, der vorher im Kampf gegen den Linksterrorismus überaus erfolgreiche Carabinieri-General Carlo Alberto dalla Chiesa nach Palermo geschickt und suchte als Präfekt sofort das »Territorium zu besetzen«, indem er seine Leute auch sichtbare Präsenz in den Straßen und auf den Plätzen zeigen ließ. Er wurde drei Monate nach seiner

Amtseinführung zusammen mit seiner Frau ermordet. Soviel zu der These, daß die Mafia nur vom Staat freigelassene Räume besetze.

Umgekehrt wird schon eher ein Stiefel daraus: tatsächlich nämlich haben die Mafiagruppen den Staat zum Rückzug aus bestimmten gesellschaftlichen und politischen Bereichen gezwungen. Mittel dazu waren und sind weniger Mord und Totschlag, so schlimm die mehr als tausend Jahr für Jahr auf der Insel Umgebrachten auch sind: vielmehr ist es der immense Reichtum einzelner Clans, die den Staat in ganzen Regionen in die Knie zwingen.

Das Wirtschafts- und Sozialforschungsinstitut CENSIS hat anfang 1992 in seinem Jahresbericht die Umsätze der Unterweltclans auf umgerechnet an die 28 Milliarden DM beziffert und damit ein – für den ausländischen Beobachter zunächst erstaunliches – Aufatmen im Lande provoziert. Der Grund dafür waren zuvor kursierende Zahlen, nach denen die verschiedenen Gruppen zusammen auf mehrere hundert Milliarden DM Umsatz jährlich kommen sollten. Tenor nach der neuen Einschätzung: Ganz so schlimm ist es also doch nicht. Dietrologen suchten bereits wieder nach den Bösen, die hinter den früheren, offenbar falschen Zahlen standen.

Die »Entwarnung« war jedoch reichlich übereilt. Auch wenn die mafiosen Umsätze sich, alles in allem, »nur« auf zwei Prozent des nationalen Bruttosozialprodukts belaufen, so muß man sich doch vor allem eines gegenwärtig halten: daß sich die aus diesen Umsätzen erzielten Profite auf sehr, sehr wenige Menschen konzentrieren. Der Soziologe Pino Arlacchi, weltweit einer der besten Mafia-Kenner, hat in einer empirischen Studie (›Mafiose Ethik und der Geist des Kapitalismus‹, Frankfurt 1990) nachgewiesen, daß manche der Clans mit Hunderten von Millionen DM Umsatz nur aus einigen Dutzend Leuten bestehen, und den Großteil der Einnahmen streichen davon auch wiederum nur zwei oder drei Ober-Bosse ein, der Rest sind Handlanger und Mitläufer. Selbst die größten Mafia-Familien, die dies- und jenseits des Ozeans operieren, haben nie mehr als hundert, maximal hundertachtzig Mitglieder.

Das aber bedeutet, daß der einzelne Boss in vielen Fällen über zig Millionen DM frei verfügen kann. Und das sichert ihm einen Einfluß in jedem nur denkbaren Lebensbereich. Er kann Arbeitsplätze schaffen und damit eine riesige Klientel aufbauen, er kann Firmen aufkaufen und schließen, um Gegner zu schädigen oder ganze Regionalregierungen abzusetzen, er kann bestechen und ein wahres Heer von Killern kaufen – zumal diese in Unteritalien teilweise zu geradezu grotesk lächerlichen Preisen zu haben sind, mitunter für umgerechnet gerade sechs- bis achthundert DM.

Wer mit solchen Summen hantieren kann, steuerfrei und ohne vor Entscheidungen Aufsichtsräte befragen zu müssen, der ist in der Lage, genügend Politiker und Beamte für seine Zwecke zu kaufen oder notfalls mit physischer Gewalt zum Gehorsam zu zwingen. Und daß die »Ehrenwerten Herren« aus Sizilien und der Campagna ihre Leute auf allen Feldern einsetzen, nicht nur auf dem der blanken Gewalt, ist belegt – siehe das oben erwähnte Beispiel des Regierungssturzes während der Gesetzgebungsprozedur für die Bauausschreibungen und die Steuereinzüge.

Fälle wie diese haben nun der Mafia und anderen Untergrundorganisationen den Ruf eingebracht, sie stünden schon heute hinter nahezu jeder Regierungsmaßnahme, zögen, wie Marionettenspieler an unsichtbaren Fäden, die Politiker in jede gewünschte Richtung – die *dietrologia* läßt wieder einmal grüßen. Tatsächlich ist solch direkter Einfluß eher vereinzelt, eine generelle strategische Bestimmung der Politik wie der Verwaltung findet nicht statt, und schon gar nicht betroffen ist davon die Gesetzesphilosophie als solche. Die schnellen »Maßnahmen« damals zum Sturz der Regierung Spadolini kamen wohl eher deshalb zustande, weil die einschlägigen Gesetze relativ unvermittelt, sozusagen aus dem Hut gezaubert, ins Parlament gerieten, und sich einige mafiose Unternehmer direkt angegriffen fühlten und auch nicht imstande waren, in der gebotenen Schnelle darauf zu reagieren: In der Regel genügt es den Bossen durchaus, wenn sie rechtzeitig über gesetzgeberische Maßnahmen in Kenntnis gesetzt werden und so ein paar Monate Zeit haben, ihre Schäfchen noch ins Trockene zu bringen. »Es gehört geradezu zur Charakteristik mafioser Gruppen, sich in Windeseile auf neue Situationen einzustellen, ja oft diesen neuen Gegebenheiten zuvorzukommen, schon am Ort zu sein, bevor die neuen Bedingungen eingeführt werden«, sagt Mafia-Experte Pino Arlacchi. Je geräuschloser all das geht, um so lieber ist es den Bossen – der Regierungssturz wurde schon bald mit der Mafia in Verbindung gebracht, und das behagte den zugeknöpften Sizilianern gar nicht.

An dieser Stelle kommt es nun zum Zusammenspiel zwischen einem Teil der »legalen« Gesellschaft, nämlich einem Heer von Rechtskundigen, und kriminellen Gruppen. Was Rechtsanwalt Ciro von seinen Kollegen im allgemeinen gesagt hat, gilt für die besonders gut organisierte Mafia- und Camorra-Unterwelt ganz speziell: Kaum kommen Gesetze heraus oder werden auch nur Gesetzesentwürfe bekannt, setzt sich ein Heer von Advokaten in Bewegung, um herauszufinden, wo die Löcher in den neuen Normen sind; fündig Gewordene bieten dann ihre Erkenntnisse feil, und da beißen Gangster ebenso wie honorige Geschäftsleute an.

Selten gibt es keine solchen Löcher – nur in diesem Fall, und wenn gleichzeitig massiv die Interessen der Clans betroffen sind, werden die mafia- und camorra-abhängigen Lobbyisten losgeschickt, um das Werk entweder doch noch mit Schlupflöchern zu versehen oder, wenn das nicht gelingt, so lange wie möglich zu blockieren.

Daß staatliche Gesetzesmacher und mafiose – oder andere –

Dunkelmänner in der Regel eher im Einklang stehen, hängt damit zusammen, daß bei beiden Gruppen in aller Regel eine recht ähnliche Mentalität und Interessenslage vorherrscht. Vieles, was einen Politiker erfolgreich macht in dieser Gesellschaft, hilft auch dem Mafioso, Camorristen, Capo der 'Ndrangheta oder der Sacra corona zur Macht und ihrer Erhaltung. Pino Arlacchis oben zitierter Buchtitel ›Mafiose Ethik und der Geist des Kapitalismus‹ trifft genau den Punkt.

Überraschende Parallelen finden sich auch zwischen dem Aufbau italienischer Parteien und Mafia-Clans. Nahezu alle politischen Gruppen Italiens, und die regierenden durchwegs, sind ganz nach Art des schon in der Antike herrschenden Klientelwesens aufgebaut. Bei Parteikongressen werden die Delegierten nicht von der Basis gewählt, sondern anteilsmäßig von den jeweiligen *correnti* gestellt, den »Strömungen«, die sich um einen *capocorrente* scharen (der wird bei der Einschreibung in die Partei angegeben, die Zahl »seiner« Eingeschriebenen ist dann die Basis für seinen Stimmenanteil bei Vorstandswahlen). So hat der siebenmalige christdemokratische Ministerpräsident Andreotti die Strömung »Freunde des Abgeordneten Giulio Andreotti« hinter sich, immerhin an die 18 Prozent Parteitagsstimmen. Fanfani, selbst sechsmal Regierungschef, schart trotz seiner 85 Jahre noch immer die *Fanfaniani* hinter sich (knappe vier Prozent), der (1978 ermordete) Aldo Moro, der zunächst einer nach dem Treffpunkt in einem Kloster benannten Strömung namens *Dorotei* anhing, begründete in den 60er Jahren die *Morodorotei*, der Neapolitaner Antonio Gava, einst ebenfalls Doroteo, leitet inzwischen mit anderen den *Grande centro*, das große Zentrum, das in den letzten Jahren mit gut 35 Prozent die relative Mehrheit innerhalb der DC hatte und im Verbund mit Andreotti die Parteichefs durchsetzte. Auch die an sich auf die Abschaffung der Strömungen pochende Parteilinke ist inzwischen in Strömungen aufgegangen, seit ihr Chef De Mita (mit seinen *Demitiani*) sich einige Unsicherheiten geleistet und damit das Vertrauen seiner vordem soliden Gefolgschaft verloren hat.

Für den *capocorrente* ist die Fürsorge um seine Klientel oberste Pflicht – wehe, er kommt in ein Amt und bedenkt nicht auch den letzten seiner Wahlhelfer und Mitgliedswerber mit guten Posten oder Aufträgen. Dasselbe gilt für die *luogotenenti* der Chefs, die Statthalter in den einzelnen Regionen, sowie, in absteigender Linie dann für seine Anhänger in den Provinzen, Städten, Sektionen.

Ganz analog die Situation im Mafia-Milieu: auch hier zählt in der Auseinandersetzung keineswegs nur die Pistole oder das Dynamit, mit dem man den internen Markt regelt: Macht konstituiert sich, außer durch die ökonomische und militärische Stärke, vor allem durch die Zahl der *affiliati*, der Mitglieder im engeren und weiteren Sinn, und der »Freunde« sowie der »Freunde der Freunde« in Stadt, Provinz, Region und möglichst auch in Rom. Daß hier jeder *picciotto* zählt, jeder Mitläufer und Handlanger, hat einen einfachen Grund: Wenn es ums Gefecht geht, ist bei der oben erwähnten oft nur geringen Zahl eigentlicher Clanmitglieder die numerische Stärke am Ende oft der entscheidende Faktor. Wer mehr Leute aktivieren kann – auch wenn es nur befreundete Gruppen sind –, dem bleiben auch bei noch so brutaler Clanrache meist noch ein paar Männer übrig, die die Macht der Gruppe dann neu aufbauen können.

Auch der Mafia-Boss ist für die Seinen voll verantwortlich und hat bei allen Aktionen zunächst deren Wohl im Auge zu behalten. Unter seinen Gefolgsleuten gibt es eine ähnliche Hierarchie wie in der Politik, von den *luogotenenti* bis zu den einfachen *soldati*, wobei es innerhalb dieser Hierarchie noch eine Art militärischer Rangfolge gibt: jeweils acht bis zwölf *picciotti* werden durch einen *capodecina* geführt. Mehrere Familien (oder Clans) zusammen bilden ein *mandamento* (einen Distrikt oder auch ein Art Regierungsbezirk, oft identisch mit der staatlich-administrativen Einteilung). Der von ihnen gewählte Delegierte in höhere Gremien heißt *capomandamenti*. Aus diesen Distriktsbossen wird dann ein Abgeordneter in die *cupola* entsandt, das Leitungsorgan einer Provinz (entspricht einem unserer Regierungsbezirke), das auf überregionaler Basis auch die Kontakte zur politischen Welt hält. Michele Pantaleone, einer der ersten großen wissenschaftlich-publizistischen Mafia-Enthüller (›Mafia e politica‹), hat nicht zu Unrecht festgestellt, daß »in der Regel jeder Parteiführer einen Mafia-Clan leiten kann – und umgekehrt«.

Tatsächlich gehen die Parallelen auch über diese formalen Strukturen hinaus. So legen die Mafiosi in ihren Gruppenabsprachen genauestens die jeweiligen Einfluß-, Arbeits- und Herrschaftsgebiete fest, sowohl geographisch wie auch, was die Art der Tätigkeit betrifft (Schutzgeld, Entführung, Drogen, Waffen usw.). Verstöße gegen derlei Absprachen führen zu langanhaltenden Fehden – weniger weil da jemand unerlaubter Weise große Reichtümer anhäufen könnte, als weil alles andere als Schwäche gelten und den Capo schnell seine Stellung kosten würde.

Auch im legalen, dem staatlichen und politischen Bereich, gibt es derlei Abgrenzungen – das gilt als ganz selbstverständlich und heißt *lottizzazzione*. Das Wort kommt von *lotto*, was Grundstück bedeutet: die *lottizzazzione* ist ursprünglich die Zerstückelung von Terrain. In der Politik bedeutet das die Aufteilung der Posten und Pfründe in den Ministerien und Behörden sowie, vor allem, in den lukrativen Manageretagen der unzähligen Staatsbetriebe. Dazu kommt auch die Absprache über die zugewiesenen Haushaltsmittel und die politischen Einflußsphären. Derlei *lottizzazzione* gibt es auf nationaler, regionaler, provinzieller, lokaler Ebene, aber auch innerhalb der Parteien hinsichtlich der *correnti*. Eine Verletzung der Reviere anderer Politiker oder hoher Beamter bedeutet, ganz wie bei der Mafia, die Eröffnung einer massiven Fehde – und zwar aus ganz demselben Grund wie beim Mafia-Boss: nicht oder jedenfalls nicht unbedingt wegen des möglichen wirtschaftlichen Verlustes, sondern wegen der damit gezeigten Respektlosigkeit, die man ohne Machteinbuße nicht hinnehmen kann.

Ähnlich verhält es sich bei der Frage, wie sehr sich die Bosse und die Herrscher über den Staat selbst an ihre eigenen Gesetze halten. Beide brechen ungeniert auch die ehernsten Normen, wenn es ihnen nützt. Das gilt sowohl für die innerhalb des Klientelwesens so hoch gehaltene Fürsorge um die eigenen Gefolgsleute wie für den im Volk immer noch bewunderten »Treueschwur« des Mafioso oder Camorristen. Regierungschef Andreotti z.B. ließ seinen wichtigsten römischen Steigbügelhalter, Vittorio Sbardella, fallen, als ihm in Person des Mineralwasserkönigs Giuseppe Ciarrapico eine stärkere Unterstützung in der Region zur Verfügung stand. Der sozialistische Ex-Regierungschef Craxi demontierte während seiner Amtszeit öffentlich seine »rechte Hand« Claudio Martelli, als der sich für ein moderates Vorgehen gegen Rauschgiftsüchtige aussprach und so dem Chef – ohne es zu wissen – ein Übereinkommen mit der US-Regierung zwecks Unterstützung seiner eigenen Pläne für eine neuerliche Machtübernahme in Italien vermasselte. Auf der anderen Seite haben die Mafia-Prozesse bewiesen, wie selbstverständlich Bosse auch enge Vertraute ans Messer liefern oder mit der Polizei zusammenarbeiten, wenn das die ungetrübte Abwicklung großer Geschäfte fördert. Und wie die Parteichefs den ungenierten Griff in die Parteikasse (die allerdings oft genug gleichzeitig Teil der Staatskasse ist) als Naturrecht ansehen, bediente sich der zum Oberboß von ganz Sizilien designierte Salvatore Inzerillo 1978 aus der gemeinsamen Kasse der vereinten Clans und zweigte eben mal 40 Millionen Dollar für ein kleines Nebengeschäft ab; das allerdings nahmen ihm seine Freunde so übel, daß sie seinen Clan auf die Abschußliste setzten.

Strategische Weichenstellungen, ständig wechselnde Allianzen nicht nur nach geschäftlichem Kalkül, sondern im Hinblick auf Machtkonstellationen: in dieser Hinsicht unterscheiden sich mafiose Clans kaum von politischen Parteien oder internationalen Konzernen. Wer sich als schwach erweist, wird gnadenlos ausgeschaltet: selbst der früher als selbstverständlich geltende Unterschied im Hinblick auf brutale Gewaltanwendung für geschäftliche Zwecke schwindet immer mehr: im Wahlkampf für die Stadt und Provinzräte und Regionalabgeordnete 1990 wurden nicht weniger als elf Kandidaten erschossen, und wie sich herausstellte, keineswegs alle nur auf Anordnung düsterer Unterweltbosse – die Finger hatten zumindest in vier Fällen auch politische Rivalen mit im Spiel. Und als im Dezember 1991 der italienische Finanzminister eine Reihe amerikanischer Zigarettensorten mit einem einmonatigen Verkaufsverbot belegte, begründete er es mit stichhaltigen Beweisen dafür, wonach der Herstellerkonzern den schwunghaften Schmuggel nach Italien nicht nur geduldet, sondern selbst kräftig angeschoben hatte. Geständige Mafiabosse wußten sogar zu berichten, daß solche Multis mitunter sogar Killer anheuern für den Fall, daß die fürs Schmuggeln in Neapel zuständigen Camorristen nicht spuren sollten.

Manchmal stimmen die Interessen der Politiker sogar bis aufs i-Tüpfelchen mit denen der Kriminellen überein – oder ergänzen sich so prachtvoll, daß neue Gesetze beiden nützen. So etwa im Bausektor oder im Waffenhandel: nicht nur einige, sondern Hunderte nationaler, regionaler, lokaler Politiker wurden in den 70er und 80er Jahren reich durch die vom Staat beschlossenen Bauprogramme und regionalen Subventionen und den Verkauf von Staatseigentum – in treulichem Gleichschritt mit den großen Mafia-Bossen und anderen Untergrundfiguren, und oftmals über Bau- und Immobilienfirmen oder Finanzierungsgesellschaften mit ihnen verbandelt.

Dem damaligen Minister für Staatsbeteiligungen und sozialdemokratischen Parteivorsitzenden Franco Nicolazzi wurde Mitte der 80er Jahre Schmiergeldannahme in Höhe vieler Millionen DM nachgewiesen – der Lohn dafür, daß er in Sachen Bestechung routinierten Unternehmern Aufträgen für den Bau immer neuer Hochsicherheitstrakte in den Gefängnissen zugeschanzt hatte. Der Sozialist Mario Chiesa aus Mailand, den seine Partei in die Leitung von Altenheimen gehievt hatte, riß sich äußerst günstig eine Anzahl ehemals staatlicher Gebäude zum Zwecke der Spekulation unter den Nagel – er wurde beim Kassieren von erpreßtem Schmiergeld ganz nach Mafia-Manier ertappt und eingesperrt. Der ehemalige Bürgermeister und christdemokratische Sektionsvorsitzende Palermos, Vito Ciancimmino, wurde mittlerweile wegen Bildung mafioser Vereinigungen zu zehn Jahren verurteilt: Er hat den *Sacco di Palermo*, die Ausplünderung der Inselhauptstadt durch die Bauspekulation zu verantworten und war Sozius zahlreicher mafioser Firmen. Der Vorsitzende der Mafia-*cupola* der Provinz Palermo, Michele Greco, genannt »der Papst«, war zusammen mit seinen Brüdern und Vettern mit einigen einflußreichen DC-Parteipolitikern über ein weitverzweigtes Imperium von Schein-Baufirmen vernetzt. Diese zogen insgesamt für viele Millionen DM staatliche Aufträge an Land, ohne auch nur einen einzigen Bagger, ja nicht mal eine Schaufel ihr eigen zu nennen. Die Ausführung der Aufträge wurde dann zu miserabelsten Bedingungen an Subunternehmer vergeben.

Natürlich ist dieser Filz und auch diese Annäherung des legalen Bereichs an den illegalen keineswegs nur das Privileg von Parteien und multinationalen Konzernen. Wo jeder sein Haus schwarz baut, weil er einfach die lange Zeit des Antragsdurchlaufs nicht abwarten kann, ist der illegale Bauunternehmer nicht weit. Wo man sich selbst den einfachsten Arbeitsplatz am Bau oder als Pedell in der Schule mit einem Empfehlungsschreiben (die berühmtem *lettere di raccomandazione*) irgendeines Notabeln erschleichen muß, ist auch der berufsmäßige »Vermittler« nahe, der sich für derlei Dienste bezahlen läßt – und der seine eigenen Methoden hat, seine *mediazione* durchzusetzen. Der berufsmäßige Bestecher und der Bestechliche im Amt sind so bald bestimmendere Figuren als der staatstreue Bürger und Beamte. Wo aber schon die elementarsten Handlungen Gegenstand illegaler Tätigkeiten werden können, verwischt sich auch der Sinn von Vokabeln wie »Kriminalität« oder »Unterwelt« allmählich – der Grund, warum ich oben hinter das *Malavita* ein Fragezeichen gesetzt habe.

Doch nicht alles ist eben Schuld schwerfälliger Bürokratie oder schmieriger Vetternwirtschaft: Italien ist ein Land, das lange Zeit nicht die Kraft, vor allem aber nicht das Geld hatte, zu einer modernen Nation zu werden und sich deren Strukturen aufzubauen. Das reicht, wie beschrieben, von einer ineffizienten Bürokratie über ein unzureichendes Gesundheitswesen bis zur mangelnden Altersversorgung. Das Land mußte sozusagen vom Feudalismus in einem zu 80 Prozent agrarischen Gemeinwesen in den postmodernen Staat springen, ohne die verschiedenen Phasen der Kapitalsakkumulation und die flächendeckende Industrialisierung in sozial erträglicher Form mitzumachen. Vieles, was in anderen Ländern selbstverständlich ist, findet in Italien noch immer nicht den Weg in die Köpfe.

Daß etwa Umweltschutz eine Überlebensfrage und kein Problem verstädterter Ästethik ist, dringt südlich des Brenner nur sehr langsam und allenfalls in den besonders erstickungsträchtigen Gebieten norditalienischer Großstädte in die Gehirne. Staatliche Alters- und Krankenversorgung, anderwärts seit einem Jahrhundert selbstverständlich, wird noch immer mit höchst skeptischen Augen angesehen – in gewisser Weise zu Recht, denn die notorische Staatspleite zwingt in vielen Gegenden die Menschen noch immer, mehr auf den Familienzusammenhalt zu setzen denn auf eine ausreichende Zahlung in Kranken- und Rentenkassen. Und das vollkommene Fehlen einer staatlichen Arbeitsmarktpolitik (Arbeitsämter in unserem Sinne z.B. gibt es überhaupt nicht) bewegt Millionen dazu, lieber doch dem Nachbarschafts- und Freundesdenken treu zu bleiben und sich einen der schillernden Vermittler anzuvertrauen als sich dem freien Wettbewerb zu stellen.

Das bedingt wiederum die fortdauernde Existenz vieler grauer oder dunkler Gestalten, die ihrerseits die Lage ausbeuten und sich dicke Scheiben von dem Wenigen abschneiden, was noch läuft. So waren Mafiosi denn ursprünglich – noch bis in die Mitte unseres Jahrhunderts hinein und mitunter bis heute – in den Dörfern und ihren Stadtvierteln meist deshalb sehr angesehen, weil sie auch als Vermittler auftraten, Streit schlichteten, Arbeit verteilten und in Not Geratenen auch schon mal halfen. Natürlich taten sie das nicht, um Gerichte zu entlasten oder Arbeitsämter zu ersetzen, sondern nur, um die so Bedachten für ihre eigenen dunklen Geschäfte zu rekrutieren. Das aber ging vielen erst viel später auf und hat lange Zeit kaum etwas am Ruf des »gutherzigen« Mafioso geändert.

So genießt denn auch die eine oder andere Figur aus der *Malavita* heute noch hohes Ansehen. Manch einem Gangster – wie etwa dem Camorra-Boß Raffaelle Cutolo – ist es sogar gelungen, um sich herum ein Robin-Hood-Image aufzubauen, um seine (teilweise aus dem Gefängnis heraus angeordneten) zahlreichen Morde zu verdecken. Cutolo produziert sich als intellektueller Feingeist und spendet viel von dem, was ihm von seinen Gefolgsleuten als Ehrengaben zugebracht wird, an arme kleine Gangster oder deren Familien. Der oberste Boß des Corleonesier-Clans in Sizilien, Luciano Liggio, ließ 1988 eine Vernissage mit seinen im Zuchthaus gemalten naiven Bildern veranstalten und spendete den Erlös einem Dialysezentrum in seiner Heimatstadt Corleone, außerdem sorgte er dafür, daß das aus Geldmangel nicht weitergebaute Kriegerdenkmal endlich fertiggestellt wurde.

So etwas bringt Ansehen – zumindest aber können die Anwälte und andere Zuarbeiter der Bosse mit derlei guten Taten Eindruck auf Gerichte und Presse machen. Der Erfolg bleibt nicht aus; er manifestiert sich in der immer wieder aufgewärmten Legende vom »sozialregulativen« Mafioso ebenso wie in einer nicht seltenen Bewunderung für den beherzten Gangster, der seinen Häschern immer wieder ein Schnippchen schlägt.

Manchmal allerdings spricht aus der Bewunderung auch einfach die Anbetung schierer Präpotenz und nackten Machtwillens. Bei einem Aufsatzwettbewerb in Neapel schrieb eine ganze Anzahl von Mädchen über »den Mann, wie ich ihn mir wünsche«: Entsetzt lasen die Lehrer Sätze wie »Ich möchte einen Camorristen heiraten« oder »Nur Camorristen sind heute noch wirkliche Männer«.

XIII
Idole

Natürlich läßt sich von den camorristensüchtigen Mädchen der Schulklasse in Neapel nicht auf »die« Italiener schlechthin schließen, aber ich habe weiter oben bereits von der Heroisierung des Banditen Giuliano berichtet, der doch außer Carabinieri – den auch von den Sizialianern gehaßten Symbol römischer Staatsmacht – Dutzende armer Schlucker aus seinem eigenen Dorf umgebracht hat. Die Verehrung von Outlaws ist verhältnismäßig weit verbreitet.

Die Italiener suchen sich ihre Idole durchwegs nicht in jenen Kreisen, die gesellschaftliche und staatliche Leitfunktionen haben, sondern möglichst weit außerhalb. Selbst der von den Roten Brigaden in Zusammenarbeit mit Geheimdienstlern ermordete Politiker Aldo Moro wurde nicht zum Vorbild. Nicht einmal in seiner eigenen christdemokratischen Partei taugt er für mehr als eher matte Todestagsehrungen, obwohl er sich doch in den fünfundfünfzig Tagen seiner Entführung wahrhaftig als Märtyrer gezeigt hat, und Ermordete gemeinhin gut als Heroen geeignet sind.

Ganz im Gegensatz zu ihm wurde z.B. jener fünfzehnjährige Junge, der beim Gladbecker Geiseldrama durch eine unversehens weggedrückte Pistole umgekommen war, sofort zum Helden und Vorbild hochstilisiert: Er habe sich vor die Mündung geworfen, um seine Schwester zu schützen. Korrekturen wahrheitsfanatischer Reporter blieben vergeblich; die Anträge auf eine Seligsprechung laufen bereits.

Sieht man einmal ab von der Ausnahmeerscheinung des von 1978–85 amtierenden Staatspräsidenten Pertini, den man wegen seiner sympathischen Sturheit und einer seit Partisanenzeiten gezeigten demokratischen Einstellung einfach mögen mußte, so hat bisher kein einziger Nachkriegspolitiker in Umfragen die Weihen eines nachahmungswürdigen Menschen erhalten. Pertini ist allerdings auch ein Beweis dafür, daß die Italiener keineswegs aus purer Abneigung gegen Politiker in andere Bereich schielen, wenn sie Idole suchen, sondern vor allem wegen des Desasters, das die Herrscher- und Bürokratenklasse ihnen täglich vorführt.

Daß die Suche nach Idolen mitunter eher krampfhaft wird und zur Satire ausartet, ist unter solchen Umständen nicht verwunderlich. So geriet ›la Repubblica‹ Ende 1991 die Meldung über die aktuelle Situation der Kriminalität in deutliche Nähe zu den allseits schnell heroisierten Sportgrößen: *Siamo campioni del crimine,* Wir sind die Champions der Kriminalität.

Natürlich sind das Ausrutscher und oft Gedankenlosigkeiten. Dennoch ist auffällig, wie die Italiener das wachsende Gefühl mangelnder internationaler Geltung in Politik und Wirtschaft durch die Suche nach Idolen und Meisterleistungen auf anderen Gebieten zu kompensieren versuchen, so etwa in der Musik, im Showgeschäft, in der Wissenschaft – und, natürlich, im Sport.

La valanga italiana, Die italienische Lawine, überschrieb ›la Repubblica‹ ihre Titelseite nach dem Gewinn zweier Goldmedaillen bei den Olympischen Winterspielen 1992, und als man bei vier angekommen war (was dann der Endstand war), hieß die Überschrift auf Seite 1 *L'Italia regina delle nevi,* Italien, die Königin des Schnees. Zu diesem Zeitpunkt hatten die Österreicher schon fünf, die Norweger sieben, die Russen acht, die Deutschen zehn goldene Medaillen gewonnen, doch das hielt die wackeren Italo-Zeitungsmacher nicht davon ab, zur Topmeldung auch noch einen Leitartikel unter die Überschrift *Il popolo dello sci,* Das Skifahrer-Volk, zu stellen. Als Alberto Tomba nach der Goldenen auch noch eine Silberne heimtrug, bewegte der staatliche Rundfunk RAI den landesweit meistgeschätzten Politjournalisten Enzo Biagi, 66, sonst für eher unspektakuläre Sendungen bekannt, zu einem feurigen Jubelkommentar auf den Carabiniere (»aus Bologna, wohlgemerkt, aus der Ebene, und nicht aus den Alpen«).

Als Vorbilder gelten aber auch längst verstorbene berühmte Sportler wie der Radrennfahrer Fausto Coppi oder lange abgetretene Fußballer wie Gianni Rivera (der aber immerhin Hinterbänkler im römischen Parlament ist), erfolgreiche Springreiter wie die Medaillengewinner Raimondo und Piero D'Inzeo (auch wenn die Italiener in dieser Sportart seit Jahrzehnten nichts mehr zustande bringen) und sogar wegen Schummelns abgehalfterte Läufer oder Springer.

Groß natürlich auch die Idolfunktion des Showgeschäfts und der Bühne – wobei, merkwürdigerweise in einem so der körperlichen Schönheit und Eitelkeit verpflichteten Land, Attraktivität und makellose Erscheinung nur wenig zur Popularität beitragen. Schauspieler wie der pferdegesichtige Fernandel und Sänger wie der einem Pfannkuchen ähnelnde Claudio Villa, beide längst verblichen, laufen ihren jungen, nach allen Raffinessen des Marketing gestylten Kollegen noch immer den Rang ab. Zum großen beruflichen Können muß also durchaus noch einiges hinzukommen, um den Italienern als Vorbild zu gelten. Und das muß gar nicht immer etwas mit Leistung oder Moral zu tun haben: Es genügt, wenn sich im Verhalten besondere menschliche Tiefe, oder was man dafür halten mag, zeigt. Bei Fausto Coppi z.B. eine ruinöse Liebesaffäre, bei Claudio Villa neben dem Schmelz in der Stimme seine konsequent atheistische Haltung bis zum Tod – noch auf dem Sterbebett scheuchte er gebetemurmelnde Pfarrer weg. Eine auch von gläubigen Katholiken geschätzte aufrechte Haltung.

Wo immer Italiener Herausragendes – oft auch nur vermeintlich Großes – leisten, es wird in jedem Falle zur Legende aufgeblasen – unabhängig davon, ob der Mensch selbst dann zum Idol wird. Mitte der 80er Jahre gab es erstmals Transplantationen von Herz, Leber und andere komplizierte Operationen im Lande – gut zwei Jahrzehnte, nachdem nahezu alle anderen einigermaßen entwickelten Länder damit angefangen hatten. Doch was anderwärts bereits als Routine gilt und nirgendwo mehr auch nur eine Zeitungszeile bringt – Italiens Presse meldet nahezu jede erfolgreiche Organverpflanzung als regelrechte Pioniertat.

1990 behaupteten zwei weitgehend unbekannte Kernforscher aus Übersee, sie hätten eine »kalte Kernfusion« mit einer geradezu winzigen Apparatur vollbracht. Die Nuklearphysiker aller Länder waren skeptisch – nicht so die Italiener. Da äußerte sich sofort die Crème de la crème der Naturwissenschaftler in Leitartikeln und langen Interviews, sogar der Fraktionsvorsitzende der Grünen, selbst vom Fach, schluckte die Sache ohne weiteres, und siehe da: Nur wenige Wochen nach der angeblichen Sensation aus Kanada meldete auch Italien Vollzug. Im Kernforschungszentrum Frascati hatten die dortigen Wissenschaftler den Versuch nachgestellt, selbstverständlich noch weiter vereinfacht und verbessert, und die *Fusione all'italiana* (›Corriere della sera‹) klappte vorzüglich. Als sich herausstellte, daß die amerikanischen Kaltfusionierer geschummelt hatten oder bestenfalls einigen verschmutzten Reagenzgläsern aufgesessen waren, konnte man seitens der italienischen Wissenschaftler immerhin erwarten, daß sie nun erklärten, wie sie ihrerseits zu ihrem »Erfolg« gekommen waren. Das aber kam den Leuten aus Frascati gar nicht in den Sinn. Wohl gaben sie zu, daß dann wohl auch bei ihnen irgend etwas nicht einwandfrei war – »aber der Gedanke an sich, kalt zu verschmelzen und so Energie faktisch aus dem Nichts zu gewinnen«, sei schon faszinierend. Damit hatte es sich, die Professoren forschen weiter wie eh und je, eine Untersuchung wegen Manipulation hat es nie gegeben. Die Tatsache, daß die Forscher für kurze Zeit internationales Aufsehen erregt hatten, reichte aus, sie unangreifbar zu machen.

Die Tendenz, internationale Aufmerksamkeit sofort in nationale Heroisierung umzumünzen und als Zeichen unbestreitbarer Leistung zu sehen, ist weitverbreitet – unter dem Slogan *Hanno parlato di noi*, man hat über uns gesprochen, hängte eine Strandbar südlich von Rom eine Reihe von Artikeln aus, in denen sie selbst mehrere Male genannt wurde; erst als Touristen fluchtartig das Lokal verließen, erkannten die Betreiber, daß es sich um Totalverrisse wegen Schmutz und überteuerter Preise handelte. Geradezu kindlich aber auch die Reaktion dort, wo es zwar eine echte Leistung gegeben hat, aber nun auch wieder nicht so, daß das ganze Volk daraus neue Hoffnung schöpfen könnte: Als bei der Oscar-Nominierung 1992 ein Italiener für den Schnitt des amerikanischen Films ›JFK‹ ausgezeichnet wurde, geriet der Kommentator des staatlichen Rundfunks RAI ob dieses »einmaligen Erfolgs des *Cinema italiano*« derart aus dem Häuschen, daß er ganz übersah, wie kurz danach auch noch ein italienischer Drehbuchautor prämiert wurde. Für so zweitklassig halten sich die Italiener heute schon, daß sie »selbst einen Preis für die beste Putzfrau noch als mächtige Imageaufwertung empfinden würden« (so der Komiker Beppe Grillo in einer seiner Satire-Shows).

Wo hausgemachte Anwärter auf den Einzug in den Olymp nicht zur Verfügung stehen, greift die Volksseele auch auf Ausländer zurück – Hauptsache, der Name hat wenigstens entfernt italienischen Klang oder in der Ahnenreihe läßt sich ein Italo-Vorfahr nachweisen. Nach der Faustregel, daß sich Geschichten um so ungenierter zu Legenden aufblähen lassen, je weiter sie – zeitlich und räumlich – von eigenen Land entfernt sind, werden schlichtweg alle vereinnahmt, denen man irgend etwas Gutes oder Heldenvolles nachsagen kann; Widerspruch ist unzulässig, und Gegenargumente sind in etwa so abwegig, als wolle man einen Heiliggesprochenen zum Geführten Satans deklarieren. Frank Sinatra, dessen Mafia-Nähe auch in Italien kein Geheimnis ist, wird unversehens zum »Botschafter beider Kontinente«, sobald er eine Tournee nach Italien ankündigt, und wo er auftritt, drängeln sich die Prominenten bis hin zu Ministern und Topmanagern, um ja mit ihm ins Bild zu kommen. Der Rockstar Madonna: selbstverständlich italienischstämmig und daher unkritisierbar; der US-Boxer Rocky Marciano: seine Fäuste stammten selbstverständlich ausschließlich aus italienischer Erbschaft. Voll bangen Erwartens die Italiener auch, ob endlich mal einer aus ihrem Stamme US-Präsident wird – Mario Cuomo, Gouverneur von New York und seit einem Jahrzehnt immer wieder gehandelter Kandidat, erlitt so denn auch keine Image-Einbußen, als sich beim Mord an einem Anwalt seiner Familie in Messina nicht gerade vertrauenserweckende Verbindungen zur *Malavita* herausstellten.

Mitunter geht die schnelle Vereinnahmung italienisch klingender Namen allerdings auch daneben: Als sich Italiens Reitsportverband darüber klar wurde, daß die Malaise mit den dauernden Niederlagen seiner Springer etwas mit der mangelnden Grundausbildung zu tun hatte, warben sie unter anderem für die Dressur eine Sportlerin mit dem Namen Pia Laus an; ihr Vater ist Italiener und in Brüssel tätig, ihre Mutter Deutsche. Pia Laus zog an der gesamten italienischen Mannschaft vorbei und rückte bei den Weltmeisterschaften auf einen respektablen neunten Platz vor.

Das war nun auch wieder nicht recht; wenn sie als Angehörige der deutschen Mannschaft gut geritten wäre, ja dann – da hätte man wieder ein As im Ausland plaziert. Aber so: »Als regelrecht traumatisch« empfand das Magazin ›Il Cavallo‹ zwar nicht die Mitgliedschaft der Halbitalienerin in der italienischen Mannschaft, wohl aber ihre ungenierte Art, besser zu sein.

Erkennbar wird bei alledem immer wieder, wie sehr Italiens Selbstbewußtsein gelitten hat. Vor lauter Angst, die eigenen Idole nun außerhalb suchen zu müssen, hat man längst die Suche im eigenen Haus aufgegeben. Und übersieht so die doch keineswegs seltenen Beispiele, die es auch im Lande gibt.

XIV
Eleonora und Maria Fida Moro

Als ich mit der Abfassung dieses Buches begann, war ich unschlüssig, ob ich nicht statt des Paares Camillo – Francesco zwei Frauen vorstellen sollte: Eleonora und Maria Fida Moro, Ehefrau bzw. Tochter des 1978 von einem Kommando der Roten Brigaden entführten und 55 Tage später im Zentrum Roms ermordet aufgefundenen fünfmaligen Ministerpräsidenten und christdemokratischen Parteivorsitzenden.

Am Ende habe ich mich für Camillo und Francesco entschieden – nicht nur, weil ich mich notorisch mehr für kleine Leute als für Berühmtheiten interessiere, auch nicht nur, weil ich die Familie Moro mehr aus »offiziellen« Anlässen kenne – Gespräche über den noch immer nicht geklärten Entführungs- und Mordfall oder politische Interviews – und somit nur mangelnden Zugang zu ihrem eigentlichen Leben und Fühlen habe: Eleonora und Maria Fida Moro, gehören zwar unterschiedlichen Generationen an und sind in Temperament und Art des Auftretens, auch in ihrer politischen Grundhaltung sehr verschieden; dennoch verkörpern sie beide ein- und denselben Aspekt Italiens – einen Aspekt, der möglicherweise in der Zukunft wieder einer Rolle spielen wird, doch unter Umständen auch ganz verschwinden könnte. Es ist der Aspekt der Würde und der Moral. Bei Camillo Pietrosanti ist die Frage, wofür er stand, eindeutiger, bei Francesco Censi die Entscheidung, in welcher Weise er für Italien stehen wird, noch offen, unentschieden; daher meine Entscheidung, dann doch diese beiden vorzustellen.

Würde und Moral also bei Eleonora und Maria Fida Moro: Begriffe, die in vieler Augen wohl antiquiert erscheinen, belastet durch unendlich viel Mißbrauch. Die beiden Frauen Moro jedoch verkörpern das Beste, was diese Worte bedeuten können.

Mutter wie Tochter lassen auf eine vielleicht wirklich nur in Italien mögliche Weise eine geradezu unglaubliche Entschiedenheit und Durchhaltekraft erkennen. Für sie zählt nur das, was sie empfinden und als richtig ansehen, ohne Rücksicht auf irgend jemanden – und auch ohne Rücksicht auf die eigene Person.

Eleonora Moro, heute 75, war den meisten Italienern völlig unbekannt, bis sie sich in jenen 55 Tagen der Entführung ihres Mannes, noch mehr aber während der dann folgenden Prozesse ihrem Land als eine Frau präsentierte, die nicht nur um das physische Überleben ihres Mannes kämpft, sondern auch sich selbst, ihr eigenes Bild in der Öffentlichkeit preisgibt, um das Ansehen ihres Mannes zu retten. Maria Fida Moro, dreißig Jahre jünger, sucht dagegen nicht das »Bild« ihres Vaters zu ehren (wie das ihr Bruder Giovanni mit einer eigens ins Leben gerufenen Aldo-Moro-Stiftung tut), sondern jene Politik der Aufrichtigkeit und des Ausgleichs, die den praktizierenden, aber von der Kirche nie geliebten Christdemokraten Aldo Moro ausgezeichnet hat.

Daß die Italiener Frau Moro erst zur Kenntnis nahmen, als unendliches Leid über sie hereinbrach, war Folge einer Grundhaltung, die Aldo Moro ausgezeichnet hatte: notorisch ohne Ehrgeiz, mit einem Demokratieverständnis, das auf Verhandlungen statt Konfrontation, auf zähes Überreden statt auf Schlitzohrigkeit setzte, stand er für die Ansicht, daß die Familie nichts mit seinen Ämtern zu tun habe. So hielt er Frau wie Kinder – ganz im Gegensatz zu seinen renommiersüchtigen Kollegen in Rom – stets aus dem Rampenlicht heraus. Sein Pflichtbewußtsein gebot ihm auch, selbst während seiner Amtszeiten als Minister und Regierungschef nach Möglichkeit keine seiner Vorlesungen an den Universitäten Rom oder Bari auszulassen. So wie er seinem ursprünglichen Beruf nie untreu wurde, stapfte auch Frau Moro tagtäglich weiter in die Schule zum Unterrichten. Als Aldo Moro starb, waren drei kleine Appartements in Rom und die von den jeweiligen Eltern ererbten Grundstücke in Bari sowie eine Ferienhaus-Etagenwohnung in Terracina die einzige Hinterlassenschaft. Er hatte sich nie in Aufsichtsräte wählen lassen oder anderweitig von seiner Stellung profitiert; weder Besitz noch Macht hatten ihn irgendwie angezogen oder befriedigt, sondern Verhandlungserfolge und der Abschluß wichtiger Verträge (am Zustandekommen der europäischen Einigung war er von Anfang an zentral beteiligt). Viele der Übereinkommen waren angesichts der italienischen Instabilität überaus zerbrechlich und hielten oft nur kurze Zeit. Dann machte sich Moro, blaß und meist schlecht rasiert, eben erneut ans Verhandeln.

Das hinderte ihn nicht, wie kein zweiter Weichen in der italienischen Politik zu stellen: die erste Mitte-Links-Koalition 1963 war sein Werk, der sich anbahnende »historische Kompromiß«, die Zusammenarbeit der Kommunisten mit den Katholiken Mitte der 70er Jahre, ebenfalls (sie wurde mit der Ermordung Moros abrupt gestoppt). Moro war auch durchaus zu Handlungen fähig, die sich am Rande der Legalität bewegten; einige schillernde Figuren in seiner Regierung verteidigte er wohl auch wider besseres Wissen. Bewiesen ist auch, daß sein Sekretär, sicherlich im Einverständnis mit dem Chef, in der Schweiz eine nicht dem italienischen Staat deklarierte Notkasse für die *Democrazia cristiana* anlegte. Allem Anschein nach war dieser Geldtransfer Folge einer in den 60er und 70er Jahren durchaus realen Angst vor einem Rechtsputsch.

Aus dem von den Roten Brigaden und vermutlich auch einigen Geheimdienstlern eingerichteten »Volksgefängnis« heraus schrieb Moro Briefe an Freunde und seine Partei – vor allem aber an Eleonora, seine Frau. Der Inhalt schwankte zwischen Verzweiflung über die Borniertheit seiner eigenen Partei (die ihn nicht retten wollte) und der unentwegten Sorge um seine Familie. Eleonora war die erste, die schon während der Entführung auf so manches hinwies, was nicht mit einer simplen Rotbrigadisten-Tat übereinstimmen konnte. Die Konsequenz: man sperrte ihr das Telefon ab. Dennoch fand sie Kanäle, mit ihrem Mann zu kommunizieren. Sie war auch die erste, der klar wurde, wie unrettbar verloren ihr Mann war. Sie sagte es, erklärte es, brachte es trotz ihrer Isolation an die Öffentlichkeit.

Und sie sagte es wieder während der Prozesse gegen die Roten Brigaden, während der Anhörungen in unzähligen Sitzungen diverser parlamentarischer Untersuchungsausschüsse. Von ihrem Mann sprach sie nie anders als von »Aldo Moro«: »Aldo Moro sagte seinerzeit...«. »Wie mir Aldo Moro an jenem Abend mitteilte...«, »Aldo Moro hätte nie...« Sie stellte sich der Öffentlichkeit nie dar als seine Frau, sondern nur als eine Zeugin, zu der Aldo Moro wie auch zu anderen gesprochen hatte. Als ich sie zum erstenmal traf und vom Projekt meines Buches über die Ermordung ihres Mannes sprach, sagte sie ruhig: »Niemand wird je von mir ein Interview über Aldo Moro bekommen. Aber ich gebe Ihnen alle Hinweise, die Sie brauchen, alles Material, das Sie benötigen, um Aldo Moro darzustellen.«

Im Gerichtssaal würdigte sie die Angeklagten rechts neben sich in den Häftlings-Käfigen niemals auch nur eines Blickes; mit ihrer riesigen schwarzen Handtasche stapfte sie zum Zeugenstuhl, setzte sich, blieb die gesamte Anhörung unbeweglich sitzen, antwortete mit fester Stimme und ging dann wieder.

So ein Mensch macht Angst – vor allem deshalb, weil Eleonora Moro selbst nie Angst zeigte. Sie hatte sie nicht gezeigt, als man während der Entführung Aldo Moros den Zugang zu ihrem Haus sperrte, um ihr den Kontakt nach außen zu verwehren, sie ließ sich nicht einschüchtern, als man sie telefonisch bedrohte, als eine immer stärker von den Politikern dominierte Presse sie selbst herabzusetzen begann. Vor Gericht, wo sie auspacken konnte, vermied sie jede Art von Druck, drohte nie, schüchterte niemandem mit ihrem Wissen ein. Sie forderte nicht, ließ auch nie erkennen, daß sie diesem oder jenem schaden könnte, wenn sie nur wollte: sie sagte aus, nichts weiter. Sie geheimnißte nichts in Tatsachen hinein, enthielt sich jeglicher *dietrologia*.

Das aber ist in Italien etwas so Ungewöhnliches, daß kaum jemand damit zurechtkommt: Der Verzicht auf *dietrologia* bringt natürlich sofort die gesamte Zunft der Dietrologen in Wallung. Die Journaille begann in edlem Gleichklang mit der Politik zu räsonieren, wem denn nun dieses offenbar ehrliche Verhalten wieder schaden solle – Moral zu haben gilt nur dann als angebracht, wenn man damit jemandem eins überziehen kann. Der sonst eher herrisch auftretende, an Vittorio De Sica erinnerte Gerichtspräsident Santiapichi, ein massiger, eleganter Mann mit grauen Haaren, sank in sich zusammen vor dieser zierlichen Frau, die so zurückhaltend und ohne Aplomb auftrat. Im Käfig bei den Brigadisten war es, im Gegensatz zum sonst eher munteren Leben während der Verhandlungen, ganz, ganz still, wenn Frau Moro antwortete.

Die Angst, die sie mit diesem Verhalten erzeugte, führte denn auch zu skurrilen Reaktionen derer, die wohl Angst haben mußten: So zerrte man Eleonora Moro wegen Falschaussage vor Gericht, nachdem gerade wieder mal neue Enthüllungen über die unselige Rolle von Politikern und Geheimdienstlern im Fall Moro ans Licht gekommen waren und man befürchten mußte, daß dazu auch Frau Moro etwas zu sagen hatte. Ein – im übrigen illegal – abgehörtes Gespräch zwischen Frau Moro und der Frau des kurz zuvor verhafteten ehemaligen Sekretärs von Aldo Moro sollte beweisen, daß Frau Moro vom illegalen Geldtransfer in die Schweiz gewußt, dies aber bei einer früheren Vernehmung geleugnet hatte. Tatsächlich waren die Worte, die Frau Moro in dem mitgeschnittenen Gespräch sagt, in vielerlei Hinsicht auslegbar. Offenbar hatte sie die Frau des Sekretärs gebeten, bei den Aussagen insofern eine gemeinsame Linie einzuschlagen, als sie Schaden vom Bild ihres Mannes fernhalten wollte. Offenbar hielt sie es für möglich – ohne jedoch Genaues darüber zu wissen –, daß der Sekretär tatsächlich illegal Geld in die Schweiz verbracht hatte. Doch sie schätzte die Verhaftung des Mannes lediglich als Versuch ein, die Glaubwürdigkeit Aldo Moros zu demontieren – für den Fall, daß neue, bisher unbekannte und wie schon bisher Politiker belastende Dokumente aus dem »Volksgefängnis« ans Licht kommen würden (was dann übrigens auch geschah).

Frau Moro wurde in erster Instanz verurteilt; sie nahm es schweigend hin, in der zweiten wurde sie dann ohne Wenn und Aber freigesprochen. Den Richtern war die Sache doch zu lächerlich vorgekommen. Dennoch hat sich Eleonora seither völlig zurückgezogen. »Sie zahlt noch heute – für das, was die anderen ihr angetan haben«, sagte mir Tina Anselmi, einzige Frau in der Ministerrunde des während der Moro-Entführung amtierenden Kabinetts und enge Freundin der Familie.

Über ihre Stellung zu den Rotbrigadisten hat sie nie gesprochen; man konnte nur aus anderen Aussagen ihre Einschätzung der Entführer entnehmen. Sie hielt sie für Handlanger, von ganz anderen Kräften instrumentalisierte Politdesperados, weiter nichts. Keine Menschen, mit denen sie sich befassen mochte. Auf meine Frage, ob es sie denn nicht interessiere, was die Wärter und Verhör-Spezialisten im Volksgefängnis von ihrem Mann gehört hätten, sagte sie: »Was sollen die mir erzählen? Ich kannte Aldo Moro doch.«

Anders, auf den ersten Blick ganz anders, hat sich da seit jeher Maria Fida Moro verhalten – obwohl sie von den drei Kindern Moros als diejenige gilt, die ihrer Mutter am ähnlichsten ist, schon rein physisch, aber auch psychisch. Maria Fida suchte das Gespräch mit den Brigadisten. 1982 sagten sich einige der Entführer vom Terrorismus los, allen voran Adriana Faranda (die allerdings nur eine Nebenrolle als Abhörposten des Polizeifunks spielte) und Valerio Morrucci, der bei der Entführung, nicht jedoch bei der Ermordung dabei war. Sie sagten über ihre Aktivitäten aus, ohne allerdings ihre Kameraden zu belasten.

Maria Fida Moro besuchte diese *dissociati* im Gefängnis; 1985 ging sie zu Neujahr im römischen Zuchthaus Rebibbia sogar zur Kommunion mit ihnen.

Das offizielle Italien, die Parteipolitiker und Fernsehmoderatoren, schwankten lange, was sie von der jungen Frau halten sollten, die ihnen, den Unbetroffenen, als Betroffene Versöhnung vorlebte und die nach und nach in anderen Fragen Partei ergriff. Stets, und immer massiv, stand sie dabei auf der Seite der Unterdrückten und zu kurz Gekommenen. Ohne ihren Vater zu zitieren, begann sie seine Politik fortzusetzen – wie Freunde erkannten, mit noch weiterem Horizont und viel mehr Freiheit als dieser (was ihr wohl auch deshalb möglich war, weil sie nicht in Ämter und Pflichten eingebunden war).

1987 ließ sie sich für die christdemokratische Partei in den Senat wählen; das wurde in Italiens *Palazzo* großartig bejubelt, galt es doch als ein Zeichen der Aussöhnung mit der Partei, die ihr Vater in seinen Briefen aus dem Gefängnis heraus wegen ihrer inhumanen Haltung angegriffen hatte.

Doch die *Democrazia cristiana* hatte keine Freude an der kleinen, lebhaften, redegewandten Frau mit den nur zentimeterlangen Stoppelhaaren: Wo immer die Christdemokraten faule Kompromisse eingingen oder gegen die gültigen Beschlüsse des 2. Vatikanischen Konzils verstießen, distanzierte sie sich von ihrer Partei. Sie stimmte gegen ihre Fraktion, als diese ein frauenfreundlicheres Sexualstrafrecht zu Fall brachte, sie machte öffentlich gegen die Regierung Stimmung, als diese ein auf den TV-Mogul Silvio Berlusconi zugeschnittenes Mediengesetz verabschiedete – und sie trat aus der Partei aus, als diese sich in immer unseriöseren politischen Aktionen verhedderte und am Ende auch noch der Teilnahme am Krieg gegen den Irak zustimmte. Zuerst unabhängige Abgeordnete ohne Fraktion, tat sie den nächsten spektakulären Schritt – sie trat in die *Rifondazione comunista* ein, eine 1991 nach dem Zerfall der alten Kommunistischen Partei entstandene Abspaltung von der KP-

Nachfolgeorganisation *Partito democratico della sinistra.* »Ich bin keine Kommunistin«, begründete Maria Fida Moro diesen Akt, »aber in dieser Partei, der niemand eine Chance gibt, lebt noch etwas vom Geist aufrechter und lauterer Demokraten fort.« Für ihren Vater, so Maria Fida Moro, wäre die den alten kommunistischen Idealen verpflichtete Gruppierung mehr als jede andere Partei wählbar gewesen.

Als einige Führungsmitglieder der *Rifondazione comunista* dann nach ersten Wahlerfolgen abhoben und ihre Mitglieder zu dominieren begannen, stellte Maria Fida Moro die Leitung vor die Alternative: Entweder wir können reden, mit wem wir wollen und wie wir wollen, oder ich gehe. Die Parteibosse begannen darüber zu diskutieren – und das war für die Tochter Aldo Moros bereits das Zeichen, daß Gedankenfreiheit auch hier nicht selbstverständlich ist. Sie legte alle Ämter nieder und trat aus der *Rifondazione comunista* wieder aus. 1992 ließ sie sich, als Unabhängige, auf der Liste der Sozialisten aufstellen – wohl wissend, welches negative Image ihr dieser dritte Wechsel erbringen würde. In der Tat nahm das Politmagazin ›L'Espresso‹ die einst von der Zeitschrift sehr geschätzte Maria Fida Moro in das Verzeichnis der »hundert unwählbaren Kandidaten« auf; sie fiel bei der Parlamentswahl 1992 dann tatsächlich durch.

Maria Fida Moro zuckt die Achseln, Parteien als solche haben für sie längst keinen ideologischen Wert mehr: »Man muß politische Fragen mit jenen angehen, die sich für das jeweilige Problem disponibel zeigen.« Es ist exakt jene Einstellung, die auch ihr Vater zeigte. Er hatte die Regierungsbasis, trotz vieler Umbildungen, immer stabil zu halten vermocht – indem er wechselnde Allianzen einging, ein im damals festgefügten Europa noch unerhörtes Verhalten. Als der Zentrismus, die aus der großen DC und kleinen rechtskonservativen Gruppen wie den Liberalen und den Republikaner gebildete Koalition, inhaltlich nicht mehr hielt (obwohl die Abgeordnetenzahl noch lange für eine Regierungsbildung ausgereicht hätte), sorgte er zuerst für die Aufnahme der Sozialdemokraten, dann für den Eintritt der Sozialisten in die Regierung; Mitte der 70er Jahre ließ er die Liberalen ziehen, als diese sich der Öffnung der DC hin zur KP widersetzten.

Eleonora Moro, Maria Fidas Mutter, äußert sich über die politische Tätigkeit ihrer Tochter genausowenig wie über ihr Leben mit Aldo Moro. Nur einmal, als ein Statement Maria Fidas nach dem Fund neuer Dokumente aus dem »Volksgefängnis« 1990 den Eindruck erweckte, die Tochter spreche auch für die Mutter, ließ Eleonora Moro über ihren Rechtsanwalt trocken erklären: »Niemand hat das Recht, im Namen von Eleonora Moro Erklärungen abzugeben.«

Zur Verteidigung des Bildes von Aldo Moro wäre Eleonora Moro wohl auch zu einer Distanzierung von ihrer Tochter bereit.

Doch das ist nicht nötig. Maria Fida Moro stellte sich ohne das geringste Zögern vor die Mikrophone und sagte: »Meine Mutter hat recht. Niemand ist befugt, über ihre Einstellung zu spekulieren. Auch ich nicht.«

XV
Italien als Trendsetter: Eine neue Rolle für Europa?

Die mitunter geradezu krampfhafte Suche nach Ersatz-Idolen und die Ignoranz gegenüber echten Vorbildern; die regelrecht kindisch erscheinende, oft auch schon auf den ersten Blick unzutreffende Inanspruchnahme von Rekorden und Pioniertaten, die Vereinnahmung fremder Meriten: all das hat dazu geführt, daß das Ausland schon fast automatisch weghört, wenn Italiener auf neue, ihrer Ansicht nach zukunftsträchtige Entwicklungen in ihrem Land hinweisen – im positiven wie in negativem Sinn. Man traut den Südländern kaum einmal die Kraft zur Entwicklung neuer Wege zu.

Fatale Konsequenz: In der Regel findet deshalb so auch das keine Beachtung, was viele Länder mit großer Aufmerksamkeit studieren sollten, weil entsprechende Probleme auch auf sie zukommen werden. Italien war oft genug frühzeitiger Indikator für politische, kulturelle, wirtschaftliche Veränderungen – und hat häufig lange vor allen anderen auch plausible Reaktionen entwickelt. Nur: »Das Land hat Europa so viel an Richtungsweisungen gegeben wie kein anderes«, wie der Historiker Robert Davidsohn schon um die Jahrhundertwende bemerkte, »doch die Aufmerksamkeit der anderen Länder gilt seit jeher viel eher dem, was Franzosen, Engländer, Russen vollbringen, als dem, was in Italien geschieht.« Dann fügt allerdings auch er schon hinzu: »Leider rühmt sich das Land oft auch gerade der Dinge, die historisch gesehen keine große Bedeutung hatten.«

Diese Dialektik – Italiens Prahlen mit eher zweitrangigen Dingen, Ungläubigkeit des Auslands gegenüber echten und zukunftsträchtigen Innovationen – ist geblieben, bis heute. Unbestritten ist lediglich die grundlegende Rolle Italiens bei der Entwicklung des neuzeitlichen Humanismus. Ansonsten hat, folgt man den Geschichtsbüchern und politischen Lehrwerken außerhalb Italiens, der ideelle und praktische Einfluß des Landes südlich der Alpen offenbar spätestens mit dem Zusammenbruch des römischen Reiches im 5. Jahrhundert n. Chr. aufgehört. Selbst die unbestrittene Leistung der Entwicklung des »Humanismus« wird durch die Begriffsbildung in der Geschichtsschreibung reduziert: Die davon geprägte Epoche wird bis heute nicht mit dem italienischen Namen *Rinascimento* bezeichnet, sondern französisch als »Renaissance«, obwohl die Franzosen mit dem Inhalt dieser Erneuerung herzlich wenig zu tun hatten.

Die »Entwendung« italienischer Vorleistungen erstreckt sich auf nahezu alle Gebiete. So rechnen sich z. B. die Engländer die erste Formulierung der allgemeinen Menschenrechte, die US-Amerikaner die Postulierung der ersten modernen Unabhängigkeits- und Souveränitätserklärung als ihr Verdienst zu. Die dafür gerne zitierte englische Magna Charta von 1215 hat damit jedoch nicht zu tun – sie stellte nur die Rechte des Adels gegenüber dem König fest (und hieß auch nicht wegen ihres großherzigen Inhalts »Magna«, sondern wegen ihrer Länge); erst die Habeas-Corpus-Akte aus dem Jahr 1679 befaßt sich mit den allgemeinen Menschenrechten. Die amerikanische Unabhängigkeitserklärung wiederum wurde 1776 proklamiert, die ›Virginia Bill of Rights‹ erst 1787.

In Florenz gab es jedoch schon fast ein halbes Jahrtausend vor dieser Erklärung und vierhundert Jahre vor der Habeas-Corpus-Akte eine staatliche Menschenrechts-und Autonomie-Deklaration. Und diese war keineswegs nur eine philosophische Reflexion, sondern wurde für die Menschen des damaligen Stadtstaates politisch wirksam. 1289 leitete die vom Volk gewählte Regierung das – ebenfalls in Pionierarbeit erstellte – Gesetz zur Aufhebung der Leibeigenschaft mit den Worten ein: »Da die Freiheit dort, wo der Wille des einzelnen nicht von fremder, sondern von Selbstbestimmung abhängt und durch das Naturrecht – durch welches sogar die Staaten und Völker von Unterdrückungen beschützt werden und ihre Rechte verteidigen und verbessern – auf vielfache Weise ausgestattet ist, wird in dem Willen, diese Freiheit nicht nur aufrechtzuerhalten, sondern zu vermehren... zum Heile verordnet und festgesetzt...«

Mehr als zwei Dutzend Stadtstaaten der Halbinsel übernahmen im Laufe des folgenden Jahrhunderts diese Formel mehr oder weniger wörtlich; Florenz selbst gab sich in diesem Sinne 1293 eine eigene Verfassung (die ›Ordinamenti di giustizia‹), die im wesentlichen bis ins 16. Jahrhundert hinein galt. Sie beeinflußte später, über die Literatur des Humanismus und der Renaissance, noch große politische Denker wie den Holländer Baruch Spinoza und stand aller Wahrscheinlichkeit nach Pate für einzelne Wendungen in der ersten englischen Bill of Rights von 1689.

Auch die Pariser Commune von 1871, in den Geschichtsbüchern gepriesen als beispielloser Versuch einer gemischt proletarisch-bürgerlichen Regierung, hatte in Italien einen nicht unbedeutenden Vorläufer: 1347/48 erhoben sich die Wollweber (*ciompi*), entrissen den Handels- und Manufakturkapitalisten die Macht und hielten sich mehr als drei Monate an der Regierung; anderthalbmalsolange wie die Pariser Kollegen fünfhundert Jahre später. Auch hier lassen sich Überlieferungslinien bis nach Frankreich verfolgen.

Oder die Einigungsbestrebungen vieler Länder im vorigen Jahrhundert: Bereits zehn Jahre vor den Deutschen, 1860, hatten die Italiener den Bau ihres neuen Reichs weitgehend beendet; die Eliminierung des Kirchenstaates und die Ausrufung Roms zur Hauptstadt (bis dahin seit 1865 Florenz) nach Ende des deutsch-französischen Krieges 1870 war nur noch eine Formsache. Wobei man die Ähnlichkeiten, wenn man will, auch noch weiter verfolgen kann: Es zeigen sich geradezu frappierende Ähnlichkeiten zwischen der italienischen Vereinigung im vorigen Jahrhundert und der eben stattgehabten deutschen Vereinigung.

Beide vollzogen sich unverhüllt annexionistisch, der überrumpelte italienische Süden geriet wie der deutsche Osten heute in eine fast unlösbare Ausbeutungs- und Unterdrückungssituation. In beiden wehrten bzw. wehren sich die Menschen durch den Aufbau einer Gegenkultur, die in immer größerem Gegensatz zu den staatlichen Normen stand bzw. steht und starken Rückhalt in der Bevölkerung hat. Konsequenz: eine immer massivere Kriminalität; in Italien entstand so die Mafia.

Beispiele für die positive und negative Vorreiterrolle Italiens gibt es noch einige: Elf Jahre vor der nationalsozialistischen Machtergreifung in Deutschland gelangte Mussolini mit seinen Faschisten an die Regierung – 1922, nach einem »Marsch auf Rom«, den Hitler mit seinem »Marsch zur Feldherrnhalle« in München ein Jahr später erfolglos zu kopieren suchte. Mussolinis Vorstellungen und seine Regierungsform wurden, viel stärker als die deutsche, zum Vorbild anderer nationalistischer und autoritärer Parteien und Regierungen der 30er und 40er Jahre, vor allem auf dem Balkan.

Andererseits hat der Zerfall des Realsozialismus in den 80er Jahren auch viel mit Italien zu tun: Schon Anfang der 50er Jahre, damals noch beispiellos für eine moskauhörige Partei, wagten querdenkerische Genossen wie der Schriftsteller Pier Paolo Pasolini oder der Philosoph Valdo Magnani den Aufstand gegen die alles dominierende Partei. Sie wurden zwar alsbald ausgeschlossen, doch es zeigte sich, daß sie bereits einen ansehnlichen Anhang von Geistesverwandten hatten, die die Kritik mittrugen und fortsetzten; die spektakulärste Aktion war der Auszug der *Il manifesto*-Gruppe aus der Partei Ende der 60er Jahre. Nach dem Ungarn-Aufstand 1956 noch zögerlich, aber immer entschiedener nach dem Einmarsch in die CSSR 1969 setzte sich dann auch die Führung der Partei von der »großen Mutter« Sowjetunion ab – ein schwerer Schlag für die

KPdSU, war die *Partito comunista italiano* doch die größte kommunistische Partei des Westens, mit Stimmenpotentialen über dreißig Prozent. Dissidenten aus dem Ostblock suchten danach bevorzugt in Italien Zuflucht, weil sie hier ihre demokratischen Vorstellungen ohne die stark amerika-orientierte Komponente anderer europäischer Staaten besser entwickeln konnten.

Der Eurokommunismus der 70er Jahre, der die Sozialdemokratisierung auch vieler anderer kommunistischer Parteien vollendete, wäre ohne die italienische Vorarbeit unter dem PCI-Vorsitzenden Enrico Berlinguer undenkbar gewesen.

Auch die verschiedenen »Wenden« der europäischen Nachkriegspolitik waren in Italien zumeist wesentlich eher zu spüren als in anderen Ländern. So kamen in Italien die – damals noch mit dem linken Flügel der Sozialdemokraten vergleichbaren – Sozialisten schon 1962/63 in die Regierung, ein halbes Jahrzehnt vor Bildung der Großen Koalition in Bonn. Die für die 70er Jahre kennzeichnende Tendenz zum Abbau des sozialen Netzes wurde in Italien bereits Ende der 60er Jahre deutlich, als in anderen Ländern noch kühne Zukunftsprojekte geschmiedet wurden.

Andererseits bremsten Italiens Politiker Ende der 70er Jahre als erste den Aufrüstungswahn der deutsch-amerikanischen Waffenfanatiker und wurden so für viele Jahre zum wichtigsten Ansprechpartner entspannungswilliger Ostblockführer. Das erste weltweit beachtete Umwelt-Manifest, ›Die Grenzen des Wachstums‹, kam 1972 vom »Club of Rome« – zu Recht nach Rom benannt –, auch wenn dabei eine Reihe ausländischer Experten mitwirkten: Die wichtigsten Anstöße kamen zunächst aus Italien.

Auf manchen Gebieten fühlen sich die Italiener auch heute in der Vorreiterrolle – meist allerdings in Richtungen, von denen man noch ganz und gar nicht weiß, wohin sie führen. Bei der Neudefinition staatlicher Einheit, in der Wirtschaft, in der

Außenpolitik jedenfalls setzt Italien Zeichen, die Europa nicht übersehen sollte.

So ist Italien derzeit im europäischen Westen das erste Land, in dem die seit dem vorigen Jahrhundert allenthalben dominierende Idee des Zentralismus durch regionale Elemente aufgeweicht oder sogar aufgelöst wird. (Der Fall der ebenfalls auseinanderstrebenden Belgier ist nicht vergleichbar – Flamen und Wallonen konnten noch nie miteinander, wurden stets künstlich zusammengehalten). Hier geht es nun nicht mehr nur um die Wiederabspaltung des ja erst im Gefolge des Ersten Weltkriegs vereinnahmten Südtirol oder die taktischen Scheinaufstände Siziliens, die nur den Sonderstatus der Insel festigen sollen.

Die neuen Sezessionisten wollen statt dessen »Garibaldis Werk rundherum rückgängig machen« (so entsetzt der Politologe Giorgio Galli). Die Auflösungsforderung kommt dabei von einer Seite, die Rom nicht wie Südtirol mit finanziellen oder kulturellen Zugeständnissen beruhigen kann – sie kommt aus der Metropole des großen Geldes und der nördlich orientierten Kultur selbst, aus Mailand, und aus den Industriezentralen des Nordens, Piemont, Ligurien, Veneto.

Bei den Parlamentswahlen 1992 haben die *Leghe* – nach dem mittlalterlichen antikaiserlichen Städtebund *Lega lombarda* genannten Gruppen – in der Lombardei zwanzig, bei Gemeinderats- und Regionalwahlen örtlich über dreißig Prozent erreicht, sie wurden in einzelnen Stadtparlamenten stärkste Partei. Neben der Mailänder *Lega lumbard* heimsen auch in anderen Regionen Abspaltergruppen große Erfolge ein, so etwa die Genueser *Union Ligure*, die *Lega Veneto*, die *Lega Piemont* u.a.. Sie alle fordern, neben einer rigorosen Ausgrenzung aller Zugewanderten (einschließlich der eigenen Landsleute aus dem Süden – eine neue Variante des Rassismus) die Auflösung des Zentralstaates, an dessen Stelle eine Föderation aus mindestens drei autonomen Regionen, Ober-, Mittel- und Unteritalien, treten soll. Dabei käme den *Lega*-Vordenkern um den Senator Umberto Bossi auch ein Zusammenschluß der Oberitaliener mit grenznahen Auslandsregionen wie Vorarlberg, Nordtirol, Slowenien und Kroatien oder – was angesichts der Schweizer Widerstände allerdings als eher ausgeschlossen gilt – mit dem Tessin gelegen.

Spaltungsversuche der *Leghe* selbst durch die reichen Sozialisten scheiterten bisher; zudem haben sich die römischen Politiker durch eilige Anerkennung z.B. der baltischen Staaten sowie Kroatiens und Sloweniens ideologisch in Fragen der Autonomie weitgehend selbst gebunden.

Wegen ihrer mitunter deutlich rassistischen Tendenz sind die *Leghe,* schon aus außenpolitischen Image-Gründen, zumindest auf nationaler Basis, nicht koalitionsfähig, und so suchen die Altparteien die neue Gruppierung nach altbewährtem Muster zunächst durch Isolierung, dann durch Erosion auszuhebeln; letzteres, indem sie eine Reihe von *Leghe*-Forderungen ins eigene Programm hieven. Die Christdemokraten, die einen besonders starken Abfluß ihrer mittelständischen Wähler in Richtung *Leghe* zu verzeichnen haben, können sich plötzlich gar nicht mehr an ihre vormaligen Schwüre auf den Zentralstaat erinnern und würden notfalls mit Ausnahme von Außen- und Verteidigungspolitik sowie Polizeihoheit nahezu alle staatlichen Aufgaben auf regionale Organe übertragen. Damit man's auch glaubt, haben sie einen Volkshelden zum Garanten ihrer regionalistischen Aufrichtigkeit ausersehen – den ehemaligen Fußballnationalspieler Gianni Rivera aus Mailand, der das Werk der DC-Dezentralisierung im Norden vorantreiben darf. Die oppositionelle Linke – vor allem die »Demokratische Partei der Linken« – sieht die Bevorzugung von Landeskindern bei der Arbeitsplatzvergabe plötzlich nicht mehr als Schlag gegen die altehrwürdige Internationalität; die mitregierenden Sozialisten sind den Forderungen der Ligen schon weitgehend mit von ihnen durchgesetzten scharfen Maßnahmen gegen Immigranten entgegengekommen. Selbst die eindeutig antirassistischen Grünen können sich einigen Forderungen nicht gut entziehen, sind sie doch selbst – lange vor Bossi – bereits für die Dezentralisierung wichtiger Aufgaben wie Umweltschutz und bürgernahe Kontrolle staatlicher Projekte eingetreten. Regionalpräsidenten – vergleichbar unseren Länder-Regierungschefs – haben für den Fall, daß Rom nur Zeit zu gewinnen sucht, sogar ein Referendum zur Auflösung von vier römischen Ministerien angekündigt, die auch den *Leghe* als besondere Symbole unzeitgemäßer zentralistischer Gewalt gelten: des Erziehungs-, Industrie-, Staatsbeteiligungen- und Südentwicklungsressorts.

Solche Phänomene sieht das westeuropäische Ausland in der Regel heute noch immer als – wieder mal – typische italienische Extravaganz an. Doch niemand sollte sich sicher fühlen: Das einstige Vertrauen auf die wohltuende übergreifende Wirkung Europas und seiner Organe schwindet allenthalben. Die Angst vor den großen, unüberschaubaren Räumen wird genährt durch die Erkenntnis, wie die Regierbarkeit solcher politischer Gebilde schwindet, wie sich die Entscheidungsträger immer mehr Zeit selbst für unbedeutende Übereinkünfte nehmen müssen, wie hochgepriesene Entscheidungen – etwa für die gemeinsame Außen-, Sicherheits- und Währungspolitik – sich alsbald als fast undurchsetzbar erweisen. Der Ruf nach kleineren, dafür aber homogeneren Räumen wird ständig lauter. Und das nicht nur in den traditionell unruhigen Grenzprovinzen wie etwa dem spanischen Baskenland oder in Nordirland oder in dem seit jeher intern unversöhnlichen doppelköpfigen Belgien.

Selbst den Deutschen, eben erst wieder zur Großmacht vereinigt, sind derlei Denkweisen nicht mehr fremd. Bayern, seit jeher aufmüpfiger Freistaat mit zahlreichen Sonderinteressen, fördert gleichzeitig mehrere grenzüberschreitende Projekte wie die Arbeitsgemeinschaft Alpe, die Arbeitsgemeinschaften Alpe-Adria und die Arge COTRAO (in den Westalpen) voran, mittlerweile hat sich auch Baden-Württemberg derlei Sonderbünden angeschlossen. Darüber hinaus ließ Bayern im Hinblick auf die Abstimmung über Berlin als Bundeshauptstadt auch schon mal prüfen, unter welchen Bedingungen man aus dem Staatsverband ausscheiden könne. »Der Bazillus der Separation«, schwante es einem Berater des bis vor kurzem amtierenden Innenministers Schäuble, »macht bestimmt nicht vor den deutschen Grenzen halt.« Deutschland hat insofern – noch – Frieden vom militanten Separatismus, als es ringsum keine Nachbarn gibt, die wegen ihres größeren Wohlstands, ihrer gefestigteren internationalen Macht, ihres höheren Entwicklungsgrades locken könnten. In Italien ist das anders: Da sind die Franzosen nebenan wirtschaftlich gleichauf (wenn auch ganz und gar ungeliebt), prahlen die Schweizer mit ihrem Wohlstand, sind die Deutschen nur ein paar Gebirgskämme entfernt. Eine Abspaltung vom Süden bei gleichzeitiger Anbindung an das starke Mitteleuropa scheint vielen Menschen zwischen Brenner und Toskana wesentlich verlockender als das traditionelle Dahinwursteln mit Roms »Dilettanten«.

Doch auch die umgekehrte Tendenz zeigt sich in Italien und nimmt möglicherweise Trends vorweg: der Drang zu Expansion, zur Ausdehnung des eigenen Machtbereichs, ansatzweise sogar eine Art neokolonialistische, imperialistische Haltung. Sie wird besonders im Adria-Raum deutlich, wo Italien immer ungenierter die Hegemonie über die küstennahen Gebiete des zerfallenden Jugoslawien (Slowenien, Kroatien, Dalmatien) und auch über Albanien beansprucht. »Die Visite unseres Staatspräsidenten«, kommentierte befriedigt der staatliche Rundfunk RAI am 18. Januar unmittelbar nach dem Blitzbesuch von Francesco Cossiga in den zwei Tage zuvor anerkannten Adria-Republiken, »diente vor allem dazu, den deutschen Einfluß in der Adria-Region zurückzudrängen.« Da in Istrien – das z.T. zu Slowenien, z.T. zu Kroatien gehört – eine mehrere zehntausend Personen umfassende italienischsprachige Minderheit lebt, beansprucht Italiens Regierung ein Mitspracherecht bei der Formulierung der Verfassungen in den betreffenden neuen Staaten.

In Albanien wiederum, das während des Krieges einige Jahre von Mussolinis Armee besetzt war und offenbar damit manchen Italienern bereits als eine Art Erbhof gilt, führen sich italienische Politiker ohnehin schon wie die Herren auf: Als Zehntausende ausgehungerter Wirtschaftsflüchtlinge in Unteritalien anlandeten und die italienische Regierung diese mit harter Hand zurückexpedierte (auch dies ein europäisches »Politprojekt«), jettete Präsident Cossiga mit Außenminister De Michelis völlig uneingeladen nach Tirana und blies der dortigen Regierung den Marsch: Sie hätten gefälligst die Massenflucht zu unterbinden. Danach ließen sich die beiden von dem völlig verdatterten albanischen Ministerpräsidenten vor laufenden Kameras bestätigen, daß man alle Forderungen der Italiener zur Fluchtverhinderung erfüllen werde. Cossiga ist inzwischen, wen wundert's, zum Lieblingspolitiker der seit jeher nach einem neuen Groß-Italien dürstenden Neofaschisten geworden.

Die im Gegenzug zur albanischen Flüchtlings-Blockade versprochene humanitäre Hilfe zögerten die Italiener dann lange hinaus. Als sie sich nicht mehr länger verschleppen ließ, sandte die Regierung die Güter nicht, wie alle anderen Länder, über das Rote Kreuz oder andere erprobte Organisationen: Man gab gleich mal ein ansehnliches Kontingent Soldaten bei. Das sollte die Güter verteilen – doch sie blieben fürs erste gleich im Land. So halten sich nun seit Monaten mehr als tausend Soldaten in Albanien auf. Angeblich sind nur sie imstande, die Almosen zu verteilen. Tatsächlich vermuten zurückgekehrte Mitglieder dieses Korps aufgrund der Bewegungen der italienischen Lastwagenkolonnen eher, daß hier strategische Gesichtspunkte im Vordergrund stehen. Die albanische Regierung und die Medien sind so eingeschüchtert, daß sie dieses präkolonialistische Gehabe nicht einmal zu denunzieren wagen. Lediglich der im Exil lebende Ex-König und ein ihm nahestehendes Blättchen haben die Präsenz der Soldaten kritisiert.

Einflußreiche Politiker wie der Vorsitzende der industrienahen Republikanischen Partei, Giorgio La Malfa, denken inzwischen auch schon mal laut über die Möglichkeit nach, »nicht gerade ein Protektorat, aber so etwas Ähnliches« in Albanien einzurichten. Da mochte dann Außenminister De Michelis nicht zurückstehen – er sei für derlei Pläne »sowieso zu haben«, urteilte das Nachrichtenmagazin ›L'Espresso‹ Ende 1991, als wie gerufen ein Manifest jugoslawischer Separatismus-Ideologen auftauchte, das nach der Auflösung Jugoslawiens Istrien an Italien fallen lassen wollte.

»Das Gerangel um die Vormacht an der Adria zwischen Deutschen und Italienern«, kommentierte beim letzten EG-Gipfel ein Berater der französischen Regierung, »nimmt nahezu imperialistische Züge an.« Kein Wunder allerdings, daß sich gerade dieser Mann entsetzt: sein Land ist das dritte im Bunde derer, die Hegemonialsphären auf dem Balkan besetzen möchten, und Frankreich sieht sich durch Italiens Trendsetting zu noch größeren Anstrengungen auf diesem Gebiet veranlaßt.

In diesem Zusammenhang taucht immer wieder ein längst totgeglaubtes italienisches Großmachtargument auf: die Angst vor deutscher Hegemonie. Schon Jahre vor der Wiedervereinigung hat der damalige Außenminister Andreotti verlautbart: »Niemand möchte die Deutschen wiedervereinigt sehen.« Nachdem es dann doch passierte, beäugen Italiens Politiker jeden Schritt der Germanen mit noch größerem Mißtrauen als vorher schon – und mobilisieren, wo immer möglich, alle denkbaren Partner gegen das neue europäische Zentrum. Sogar die vordem noch weniger als die Deutschen beliebten Engländer wurden – anläßlich der Einrichtung einer deutsch-französischen Streitmacht – aktiviert. Vor allem aber scheint eines für die Italiener ausgemacht: die Deutschen wollen, wie schon Bismarck und Hitler, auf dem Balkan erneut eine Vormachtstellung aufbauen. Und so ließ Außenminister De Michelis 1991 seine Sprachrohre ein ums anderemal verkünden: Jedem Schritt der Deutschen im zerfallenden Jugoslawien und gar darüber hinaus, werde er eine harte Opposition entgegensetzen. Obwohl der italienische Botschafter in Bonn derlei Meldungen auch deutscher Medien gerne als »unbegründet« zurückweist: Antigermanismus, das haben die Italiener auch wiederum vor allen anderen erkannt und nun in Politik umgesetzt, läßt sich mittlerweile erneut zur Akquisition von Bündnispartnern einsetzen.

Natürlich kann niemand leugnen, daß viele Schritte der Deutschen durchaus den Eindruck erwecken, man wolle die neugewonnene Weltmachtstellung zunächst vor allem sozusagen vor der Haustür ausprobieren, und zumal dort, wo diplomatisches Neuland zu betreten ist, wie in den nun souveränen ehemaligen Teilrepubliken. Doch es ist ein Unterschied, ob ein Land dem anderen wegen dessen hegemonialen Gelüsten entgegentritt oder ob es damit nur die eigenen verschleiert. Ein nicht unbeträchtlicher Teil der italienischen Politiker, so wird derzeit deutlich, wandelt auf solchen Pfaden.

Bester Beweis: der Anfang 1992 ausgebrochene Konflikt um die Anerkennung von Mazedonien; er hat überhaupt nichts mit den Deutschen zu tun und zeigt gerade deshalb, daß es den Italienern eben nicht um die Zurückweisung pangermanischer Tendenzen geht, sondern um eigene Vormachtinteressen.

Es geht dabei im Grunde um etwas, das mit Ausnahme der unmittelbar Betroffenen eigentlich alle anderen kalt lassen sollte: den genauen Namen der Republik. »Mazedonien« ist ein alter griechischer Landstrich, so wurde diese Bezeichnung als Landesname vom benachbarten Griechenland heftig zurückgewiesen, die Mazedonier schienen verhandlungsbereit. Da machte sich völlig unvermittelt Italiens Außenpolitik zum Sachwalter der von den Griechen kritisierten Bezeichnung und heizte damit das Klima an. Außenminister De Michelis fuhr geradezu rüde in die Debatte mit Sprüchen wie »Es gibt ja wohl kein Copyright für Staatsnamen«, die Neuen sollten nur an ihrer ursprünglichen Entscheidung festhalten. In Brüssel, wo die EG-Partner Griechenland und Italien nun streiten, erkannten die Beamten bald, daß Italien einfach seinen Einfluß auf dem Balkan noch weiter ausdehnen will und in dieser Region bereits bei kleinen Entscheidungen unbedingt mitreden will.

Zeichen für die Zukunft setzt auch die italienische Wirtschaft. Hier sind vor allem die schon erwähnten Versuche der »Übernahme« ausländischer Großkonzerne bezeichnend, wie sie Olivetti in Belgien (Societé générale), Pirelli in Deutschland (Continental) und FIAT in Frankreich (EXOR-Perrièr) unternommen haben. Auch wenn sie alle scheiterten, haben Italiens Unternehmer damit ein in Europa bislang weitgehend ungebräuchliches Instrument eingeführt: statt Verhandlungen zur Zusammenarbeit anzubieten, sucht man in neokolonialistischer Manier gleich die gesamte Firma zu übernehmen, wenn nötig, mit Dumping-Angeboten an die Aktionäre. »Der Schaden, den die mit dieser Änderung der Spielregeln in Europa angerichtet haben«, so ein deutscher Börsenspezialist, »ist unüberschaubar: nahezu alle deutschen, französischen und englischen Managements lassen derzeit ihre Chefs Schnellkurse für solche – bisher lediglich in den USA und in Japan übliche – Manöver absolvieren und bereiten nun ihrerseits entsprechende Attacken vor.«

Natürlich kommt ein solcher Verhaltenswandel auch in Italien nicht von ungefähr, und es wäre ganz falsch, De Benedetti, Pirelli oder Agnelli als Hasardeure oder mutwillige Aggressoren abzutun. Italiens Wirtschaft spürte, wieder einmal früher als alle anderen, den Wandel ökonomischer Konstellationen. Zwar waren die Italiener in der Frühphase der Perestroika (und teilweise schon zuvor) die ersten gewesen, die mit einzelnen Ländern des zerfallenden Ostblocks Großverträge abgeschlossen haben – von FIAT-Autofabriken in Polen und der UdSSR bis zu Riesen-Joint-Ventures im Agrarsektor durch die Firma Ferruzzi. Auf diese Weise schienen sie zunächst, besser und früher als alle anderen Länder, den durch die Abrüstung bedingten massiven Rückgang der Verkäufe in der Waffenindustrie ausgleichen zu können.

Doch dann waren die Italiener wiederum die ersten, die spürten, daß all das am Ende doch nicht funktionierte, daß die Schwierigkeiten der Sowjetunion nicht nur sie selbst, sondern auch die Ökonomie aller anderen Staaten des Warschauer Pakts in den Untergang reißen würde. Daher die schnelle Umorientierung wieder nach Europa – und das notfalls mit Gewalt, mit eben jenen Übernahmen. Erst jetzt, nachdem Rußlands Banken nicht einmal mehr Zinsen an westliche Gläubiger zahlen können, werden sich auch deutsche, englische, Schweizer und französische Firmen klar, daß der Wettbewerb sich alsbald wieder auf den Westen konzentrieren wird. Und daß er eine Härte annehmen wird, die die herkömmlichen Verhaltensweisen und Arbeitsmittel als unzureichend erscheinen läßt, so daß der Griff zu eher unfeinen Methoden bald alltäglich wird.

Daß im Zuge des sich immer mehr verschärfenden Konkurrenzkampfes so mancher auch honorigen Firma die Moral abhanden kommt, zeigte unlängst der schon erwähnte Skandal um einige amerikanische Tabakkonzerne die nach Erkenntnissen des Finanzministeriums nicht nur selbst kräftig am Schmuggel beteiligt waren, sondern nach Zeugenaussagen auch Killer und Schläger angeheuert hatten, um möglicherweise untreue Camorristen abzustrafen oder zur Räson zu bringen.

Bisher ist unbekannt, inwieweit internationale Konzerne derartige Methoden auch schon in anderen Ländern ausüben (in den nun autonomen Staaten der ehemaligen UdSSR gibt es Anzeichen dafür). Doch kein Zufall ist es wohl, daß es von den »fortschrittlichen« Industriestaaten zuerst Italien erwischt hat. Allem Anschein nach wurde das Land an dieser Stelle von einem trendsetzenden Subjekt zu einem Objekt, das einem neuen Trend unterworfen wird.

Kein Wunder, wenn sich immer mehr Italiener in einen existenzbedrohenden »Schwitzkasten« genommen sehen: auf der einen Seite hausinterne Entwicklungen, die sicherlich europa- oder weltweit Tendenzen sichtbar machen, von denen man aber ganz und gar nicht weiß, wohin sie führen, auf der anderen Seite das Gefühl, von außen her zur Spielwiese für allerlei dunkle bis kriminelle Geschäfte gemacht zu werden.

Solche Situation sind nicht unbedingt neu für das Land, und immer, wenn es sich so fühlt, kommt ein Moment in die Diskussion, das in anderen Ländern weithin unbekannt ist: eine intensive Debatte um die Frage der Moral. Moral in der Politik, der Wirtschaft, der Kultur. Auch wenn sie vielen noch immer allzusehr belastet erscheint von der jahrtausendelangen korrumpierenden Besetzung durch die Kirche und scheinheilige Präzeptoren in Gesellschaft und Politik. Wo alle institutionellen Einrichtungen, – Legislative, Exekutive, Judikative ebenso wie die Wirtschaftsführer und die Kulturpäpste – versagen, muß man sich auf eine solche Frage aber wohl einlassen.

Die Frage wurde, wie gesagt, auch früher immer wieder gestellt. Diesmal aber hat sie einen neuen Akzent bekommen: Sie hat nicht mehr nur den Charakter einer mehr oder weniger spontanen Erneuerungsbewegung. Vielmehr vermischt sie sich immer mehr mit einer Weltuntergangsstimmung, die Italien in seiner Geschichte so nur selten gekannt hat.

XVI
Die moralische Frage

Wahrscheinlich gibt es sie, seit Gemeinwesen bestehen, zumindest aber, seit Menschen darüber nachdenken, wie eine Gesellschaft funktionieren und der Umgang der Menschen miteinander beschaffen sein muß, um ein gedeihliches Miteinanderauskommen zu gewährleisten: die moralische Frage. Konfuzius grübelte darüber nach und vermutete in der Verwirrung der Begriffe den Ursprung für Reibereien und den Niedergang korrekter Haltung zueinander. Plato hoffte, mit einem Auftrag an die Philosophen ließe sich Sand aus dem Getriebe nehmen: wegen ihrer besseren Erkenntnis ethischer Prinzipien seien sie zur Staatslenkung berufen. Cicero wetterte in seinen berühmten Reden über die Unmoral seiner Zeit – zu der der wackere Anwalt, als Grundstücksspekulant, Mieterausbeuter und skrupelloser Politiker freilich auch einen erheblichen Beitrag leistete. Auch in Deutschland brüteten Philosophen und Staatstheoretiker seit jeher gerne über die rechte Ethik nach, Kant erfand den »kategorischen Imperativ« mit der Forderung »Handle stets so, daß die Maxime deines Handelns Grundlage einer allgemeinen Gesetzgebung sein könnte.« Daß sich niemand daran halten würde, ja vielleicht gar nicht konnte, war dem Königsberger Professor gleichwohl klar. Er wie seine Zeit und die Nachfahren sahen daher den Imperativ auch als höchst theoretische Forderung an. Bundeskanzler Helmut Schmidt, selbst praktizierender Christ, brachte die Sache auch für den Glauben auf den Punkt: »Mit der Bergpredigt kann keiner regieren.«

Immerhin: Geredet wird über derlei schon mal, in den meisten Ländern jedoch wirklich unter dem Aspekt einer rein theoretischen Debatte, deren Inhaltsrealisierung niemandem einfiele. In Italien ist das ganz anders: Nirgendwo sonst wird die »moralische Frage« so inbrünstig und hingebungsvoll, so ausdauernd auf die Tagesordnung gesetzt und hin und her gewendet, nirgendwo sonst auch mit derart tiefer Überzeugung beantwortet – und nirgendwo bleibt all das so völlig ohne erkennbare Konsequenzen.

Das kann man nun begrüßen oder ablehnen. Man kann die intensive Debatte befürworten, insofern als eine anderswo oft verdrängte Frage immer wieder thematisiert wird; man kann andererseits auch ihre Wirkungslosigkeit gut finden, weil so unendlich viele salbungsvolle, in Wirklichkeit aber verlogene Worte und abstrusen Forderungen glücklicherweise ohne Folgen bleiben. Man kann sich darüber ärgern, weil man diese Frage nicht für diskutabel hält – oder weil man, wenn schon darüber geredet wird, wenigstens Konsequenzen fürs praktische, vor allem politische Leben wünscht und diese nicht eintreten.

Wie auch immer man dazu stehen mag: Tatsache ist, daß in Italien regelrecht eine »Kultur der moralischen Frage« existiert, und daß die einschlägigen Probleme mit einer anderswo völlig unbekannten Differenziertheit und Komplexität diskutiert werden. Dadurch entsteht für den nicht so tief in die Geheimnisse Italiens eingedrungenen, vor allem ausländischen Beobachter der Eindruck, hier zeichne sich ein tiefgreifender Wandel ab.

Der jedoch bleibt in der Regel aus. Auch derzeit ist die moralische Frage wieder hoch im Kurs; und sicher ist die verstärkte Diskussion auch eine Folge der Ängste vor dem Neuen, der Erkenntnis, wie unzureichend oder auch wie korrupt das bisherige System ist. Mit einer neuen Moral könnte man, so die zwar zweifelhafte, aber doch immer lauter geäußerte Hoffnung, zumindest die am meisten verstopften Ganglien des öffentlichen Lebens und der Führungsschichten wenigstens notdürftig reinigen und wieder funktionsfähig machen. Ob das gelingen wird oder überhaupt gelingen kann, bleibt fraglich. Ein Zeichen der tiefen Verunsicherung ist die Renaissance der »moralischen Frage« gleichwohl.

Selbstverständlich tummelt sich, kaum ist diese Frage auf den Tisch, sofort wieder alles, was eigentlich den Mund halten sollte, die korrupten Politiker ebenso wie Kirchenfürsten, die sonst gerne die mit Blut befleckten Hände von Potentaten schütteln, Wirtschaftsführer, die ihre Konkurrenz notfalls auch mit unlauteren Mitteln ausschalten, Sportler, die für ihre Leistungen zu unerlaubten Mitteln greifen oder vor Wettkämpfen ihre Gegner durch Tritte unter die Gürtellinie demoralisieren.

Das wird manch einem auch irgendwann zuviel. Einem der bekanntesten und geschätztesten Meinungs-Journalisten und Publizisten Italiens, Giorgio Bocca, platzte im März 1992 anläßlich eines neuen, des x-ten Schmiergelder-Skandals just während der laufenden »Moralkampagne« der Kragen. In ›L'Espresso‹ rückte der Autor des Bestsellers ›L'Italia che cambia‹ (Italien im Wandel) der Inflationierung der *questione morale* zuleibe – besser gesagt, er gab eine meisterhafte Lektion darüber von sich, was alles nicht mit der »moralischen Frage« zu tun hat, wie sie die Politiker gerne erörtern.

Es gehe bei derlei Dingen »eigentlich gar nicht um die Moral, und noch weniger um eine neue Ethik«, erklärt Bocca: Was in einem von Korruption und Mißwirtschaft durchsetzten System immer wieder sichtbar werde, sei im Grunde eine Frage der *separazione*, der Trennung: die Herrschenden seien nicht mehr imstande, mit dem Volk, das sie wählt, zu kommunizieren. Den Inhabern der Macht sei nicht nur völlig unbekannt, was die Beherrschten nötig haben, woran sie leiden, worauf sie hoffen: sie seien sich nicht einmal darüber klar, wie ihr eigenes Verhalten aufs Volk wirke, welche unabsehbaren Konsequenzen sie damit hervorrufen. Und das, so Bocca, sei besonders beunruhigend, weil nicht nur Italien, sondern ganz Europa dieses Syndrom aufweise. Auch der sich selbst noch immer wegen seines wirtschaftlichen Sieges über den Ostblock auf die Schulter klopfende Westen habe politisch inzwischen fast denselbem

Zustand erreicht wie die kommunistischen Systeme des Ostens, die bekanntlich aufgrund der totalen Abspaltung des Herrschafts- und Verwaltungapparates vom Volk zusammengebrochen seien.

Bocca, der seine wöchentliche Kolumne ›L'antiitaliano‹ nennt, der Antiitaliener (man stelle sich eine Rubrik »Der Antideutsche« bei uns vor!), kann sich diese Schelte leisten: Der ehemalige Partisan, Autor zahlreicher Bücher über Faschisten und Kommunisten, war niemals irgendwelcher Sympathien für den Realsozialismus, auch nicht als Freund extremer Weltanschauungen verdächtig. Doch er reißt seinem Land seit eh und je den Schleier der Verdrängung weg.

Die Zuspitzung – oder Reduzierung – der *questione morale* auf das Problem der Kommunikationsfähigkeit, das ist auch Bocca klar, könne nun leicht mißverstanden werden: Statt der moralischen Frage diskutiert man dann das eher pragmatische Problem einer Aufrechterhaltung des derzeitigen Systems. Da aber schiebt Bocca gleich den Riegel vor: »In der Politik und im Zusammenleben der Menschen ist eine gute Regierung nicht identisch mit Moral. Die Geschichte ist voll von guten Regierungen, die von korrupten Menschen geleitet wurden.« Er führt, der Anlaß für seine Überlegung war ja ein Schmiergeldskandal, die englischen Politiker Francis Bacon und Samuel Pepys an.

Man müsse da sehr genau unterscheiden: »Die Frage nach einer Politik, die moralisch sein soll, ist eine andere als die nach der Unmoral, die die Politik verdirbt.« Etwa jene Unmoral, die das »Volk in zwei Schichten teilt – jene, die an der Macht sind und zum höheren Ruhm ihrer Partei und ihrer selbst klauen dürfen, nein vielmehr müssen, und jener, die von eben diesen Dieben an der Regierung tagtäglich daran erinnert werden, daß Diebstahl ein Verbrechen ist.« Musterbeispiel: Die Parteien, die sich nach jedem Korruptionsskandal, in die einer der ihren verwickelt ist, »entsetzt zeigen über den Sündenfall ihres Freundes

– und gleichzeitig, weil ständig irgendwelche Wahlen sind, nach neuen, trüben Einnahmequellen suchen, um das Loch zu stopfen, das durch den Ausfall ihres bisherigen Geldbringers entstanden ist«.

Das Problem liegt natürlich auch in Italien vor allem darin, daß sich jedermann schnell darüber klar zu sein glaubt, was – zumindest an den Handlungen des jeweils anderen – unmoralisch ist, während man umgekehrt kaum definieren kann, was denn nun moralisch ist. Es sei denn, durch unendliche Haarspaltereien, Unterscheidungen, Abgrenzungen und Ziselierungen der Begriffe. Das ist in vielen Ländern wohl auch der Grund, warum sich Debatten über diese Frage gar nicht oder allenfalls in abgeschiedenen Gelehrtenzirkeln abspielen. Nicht so in Italien. Kommentatoren wie Bocca sind Meister in der immer neuen, immer komplizierteren Diskussion von Moral und Ethik.

Und die Leser folgen ihnen – unter einer Voraussetzung: Es muß am Ende beim bloßen Räsonieren bleiben, konkrete Folgerungen, vor allem für das eigene Handeln, dürfen sich zumindest nicht zwingend daraus ergeben. Der eben wiedergegebene Kommentar wurde Hunderte von Malen selbst in den Parteiorganen der gescholtenen Gruppen – zustimmend – zitiert, in einzelnen Sektionen kopiert und verteilt. Eine Änderung der Verhältnisse hat das bisher nirgendwo bewirkt.

Ist die moralische Frage also eine wortreiche, aber folgenlose Debatte? Oder doch nicht? Mitunter scheint es so, als ob das Volk der reinen Windbeutelei doch müde ist, dann gibt es die berühmten politischen Erdbeben. Als der Carabinieri-General Carlo Alberto dalla Chiesa zusammen mit seiner Frau Emanuela und dem Polizisten Domenico Russo ermordet worden war, und die Politiker zu den üblichen salbungsvollen Sprüchen über die Unmoral der Killer in Palermo ansetzten, bewarfen die Passanten die Minister mit Münzen – Zeichen für Korruptionsverdacht – und bespuckten sie. Und als Ministerpräsident Andreotti 1991 den antimafiosen Bürgermeister Leoluca Orlando zu Fall brachte und seine eigenen, »in jeder Hinsicht moralisch sauberen« Freunde zur Wahl empfahl, gaben ihm die Sizilianer die Quittung – Orlando, damals noch Christdemokrat, bekam so viele persönliche Stimmen wie noch nie ein Regionalpolitiker in ganz Italien, Andreottis Leute fielen durch.

Da zeigte der *Palazzo* dann, was er von einer Verbesserung der politischen Moral hält: Trotz des überwältigenden Votums für Orlando bildeten die durch Orlandos Stimmenlawine nahe an die absolute Mehrheit herangekommenen Andreotti-hörigen Christdemokraten mit den Sozialisten eine Koalition – ohne Orlando.

Gerade dieser Fall zeigt jedoch die Elastitizät, mit der Italiens Parteien auf die aufkochende moralische Frage reagieren. Natürlich war den Christdemokraten klar, welches Zugpferd der integre Orlando darstellte – deshalb hüteten sie sich, ihn vor der Wahl aus der Partei wegzugraulen, auch wenn viele Mafiosi darüber murrten. Orlando, den man zum Bürgermeister gemacht hatte, nachdem sich vorher fünf Vorgänger strafrechtliche Ermittlungen (und mittlerweile teilweise Verurteilungen) eingehandelt hatten, wurde sogar auf Platz 1 der DC-Liste gehievt – und dann umgeben mit einem ganzen Rudel mehr oder weniger trüber Gestalten. Radikalen-Führer Marco Pannella spottete: »So können wir also alle *Democrazia cristiana* wählen: die einen, weil Orlando kandidiert, den wir alle mögen, und wer ihn nicht mag, kann die DC wählen, weil außer Orlando lauter Feinde Orlandos kandidieren.« Pannella hatte recht.

Meiner Ansicht nach muß man die Frage einer Erneuerung Italiens – nach dem *Addio* ans alte – gerade in dieser Hinsicht besonders vorsichtig behandeln. Sonst gerät man leicht in jenes Fahrwasser, das gelegentlich Italien-Interpreten dazu veranlaßt, scheinbare Änderungen für einen wirklichen Wandel anzusehen. Leoluca Orlando z.B. wurde nach seinen spektakulären Taten (mehr noch wohl wegen der Tatsache, daß er trotz alledem nicht umgebracht wurde) auch im Ausland von Talkshow zu Talkshow gereicht, als »Erneuerer« und unerschrockener Moralprediger der Politik gefeiert. Dabei kam jene stabilisierende Funktion zur Sprache, die er für die herrschende Machtelite hatte, indem er Fragen der Moral auf sich konzentrierte, ohne doch wirklich an die Schalthebel der Macht zu gelangen.

Episoden wie das grandiose Wahlergebnis Orlandos mit nachfolgender Umkehr der Verhältnisse stehen nämlich nicht alleine. Immer wenn sich die Parteien wegen täglich neuer Skandale in die Ecke gedrängt fühlen, zaubern sie die eine oder andere Person aus dem Hut, der man die moralische Integrität abnimmt – oder lassen auch mal unbequeme Kollegen gewähren, die den Bürgerprotest abfangen. So gewinnt man wieder Zeit und mitunter – wie im Fall Orlando – auch Stimmen. Danach aber werden diese Personen schnell abserviert.

Ähnliches hatte sich bereits im Jahr vor dem Fall Orlandos in Rom ereignet. Dort waren hintereinander mehrere christdemokratische Bürgermeister und Dezernenten in derartig massive Skandale verwickelt gewesen, daß sich selbst die sonst tiefschwarze Kirchenleitung empörte und eine Klärung empfahl. Die DC hielt es danach für ratsam, einen völlig unbekannten und daher als moralisch sauber vorzeigbaren Kandidaten für das Bürgermeisteramt zu präsentieren. Der Bewerber, bis dahin Rektor der 2. Universität, erhielt von der Presse scherzhaft den Namen *Signor Nessuno*, Herr Niemand – und bekam von den Römern eine immense Menge persönlicher Stimmen, mehr als die drei nächsten Kandidaten zusammen.

Zwei Wochen danach war der Bürgermeister installiert – doch nicht der moralische Herr Niemand, sondern ein Sozialist (vormals Präsident des Fußballverbandes und danach Tourismusminister): Andreotti hatte wenige Monate zuvor seine Bestellung zum Ministerpräsidenten durch eine geheime Absprache mit Sozialistenchef Craxi über die Vergabe des Bürgermeisterpostens in Rom an einen Mann des PSI erkauft. Der Herr Niemand hatte mit seiner Moral de facto wieder einmal der Unmoral Vorschub geleistet.

Häufig tritt die *questione morale* auch unter anderem Namen auf. In den 60er und 70er Jahren – auch damals im Zeichen eines krisenhaften Umbruchs – forderte die Kommunistische Partei eine *politica delle mani pulite*, eine Politik der sauberen Hände; Auslöser waren auch damals schon große Skandale, Bestechungen von Parteigrößen durch Erdöl- und andere Manager, Schmiergelder für Bauaufträge, Kungelei mit Putschisten. Da auf nationaler Basis die Kommunisten stets von allen Regierungen ausgeschlossen waren, war der Schritt zum nächsten Wahlslogan nicht groß: »Wählt PCI – die Partei der sauberen Hände«. Daß es auf regionaler und lokaler Ebene auch schon im PCI-Ambiente unsaubere Geschichten und Schiebereien gegeben hatte, schoben die Kommunisten mit dem Hinweis beiseite, daß die Bestechenden allemal Christdemokraten oder gar Faschisten gewesen seien – das Ganze also nur ein Versuch, den Roten etwas anzuhängen.

Dabei war die Reklamierung »sauberer Hände« und die damit suggerierte neue politische Moral von Anfang an eine ziemliche Frechheit (wie übrigens schon damals zahlreiche Historiker und Kommentatoren – darunter auch Giorgio Bocca – feststellten und mittlerweile recht grauenhafte Funde beweisen). So hatten einflußreiche PCI-Genossen noch nach Kriegsende blutige Lynchjustiz ehemaliger Partisanen an Kollaborateuren des Faschismus und der deutschen Besatzer zugelassen. Kamen derlei Taten auf, hatte die Partei völlig unschuldige Menschen als Täter hinzustellen und dabei wohl mitunter auch mal die Gerichte zu lascher Beweisführung zu veranlassen. Auch daß der seit dem Tode des Parteigründers Antonio Gramsci herrschende KP-Chef Palmiro Togliatti (gestorben 1964) ein Intrigant war, der selbst nahe Verwandte ans Messer lieferte, ist seit langem bekannt.

Bei der Auswahl ihrer Partner sahen die Kommunisten ebenfalls keineswegs immer auf saubere Hände – in Mailand z.B. ließen sie sich, ganz und gar konspirativ, vom Mafia-Bankier Michele Sindona umgerechnet mehrere Millionen DM in die Parteikasse stecken, Gegenleistung fürs Wegschauen bei der Genehmigung einiger Transaktionen im Zusammenhang mit dem Bau eines neuen Stadtparks. Dem sonst auch von ihnen als Freund von Mafiosi und umstürzlerischen Geheimdienstlern geschmähten Christdemokraten Giulio Andreotti ermöglichte die kommunistische Fraktion mehrere Male das politische Überleben, als es um die Aufhebung seiner Immunität ging – da enthielt sich der PCI dann der Stimme. 1978, die schon zehn Jahre zuvor von der Linken durchgesetzte Antimafia-Kommission füllte bereits Tausende von Seiten mit Enthüllungen über die Statthalter Andreottis in Sizilien, wählten die Gefolgsleute des seit 1974 amtierenden Enrico Berlinguer (gest. 1984) den schillernden Christdemokraten zum Ministerpräsidenten und verhalfen ihm zu der bisher einmalige Mehrheit von 92 Prozent aller Abgeordneten.

Doch nicht nur für die großen Parteien mit ihrem sicher auch für integre Parteiführer nicht mehr überschaubaren Parteivolk hat die »moralische Frage« ambivalenten Charakter – einerseits als Fangeisen für Wähler, andererseits als Alptraum, dann nämlich, wenn eine neue Moral verwirklicht werden soll. Ein leidvolles Beispiel war der Aufbruch der Umweltschutzbewegung in Italien.

Mitte der 80er Jahre entstand in Italien eine neue Gruppierung, die der herkömmlichen Politik mit neuer Moral aufhelfen wollte: *I Verdi*, was nur sehr unzureichend mit »Die Grünen« zu übersetzen ist, da der Begriff ja in Deutschland für eine bestimmte Partei mit konkreter, bei Gründung der *Verdi* schon fast ehrwürdiger Tradition steht.

Anders als die deutschen Grünen kamen Italiens *Verdi* nicht aus Bürgerinitiativen und hatten, abgesehen von ganz wenigen

Ausnahmen, auch nirgendwo die in Deutschland nahezu selbstverständliche Kombination von Umweltschutz und Friedenspolitik aufgebaut. Umweltschutzdenken als solches hatte, nach den spektakulären Prophezeiungen des »Club of Rome« in den 70er Jahren, zunächst in den großen kulturellen Organisationen Fuß gefaßt, etwa *Italia nostra, World wildlife Found, Lega per l'ambiente;* auch die *Organisation Associazione ricreativa e culturale italiana* (ARCI) öffnete sich bald für derlei Probleme (allerdings meist gespalten, weil zu der Gruppierung auch viele Jäger gehören).

Jede dieser Organisationen stand mehrheitlich einer bestimmten politischen Partei nahe, und Parteien, die noch keine Umweltschutzorganisation hatten, gründeten schnell welche oder unterwanderten noch nicht parteigebundene kulturelle Gruppen. Insofern mischte sich in die Ökologiebewegung schnell ein traditionell parteigebundenes Element. Das nun führte beispielsweise vor Wahlen zu regelrechten Zerreißproben in den Organisationen (und manchmal wohl auch im Herz des einen oder anderen Parlamentsaspiranten).

Um dieser Gefahr zu entgehen, hatten einige unabhängige *Verdi* zunächst versucht, all jene zu sammeln, die vordem aus unterschiedlichen Gründen ihre Parteien verlassen hatten, eben weil diese keine Umweltpolitik betrieben. Einige Zeit schien es, als könne sich diese Richtung behaupten: *Politica verde* hieß für die Mitstreiter dieser neuen Gruppierung nicht mehr Parteipolitik, sondern »politische Hygiene« (so der erste Fraktionsvorsitzende Gianni Matteoli): Man verstand sich als *movimento,* als Bewegung, und nicht als *partito,* wollte *ecologia* nicht nur als Schutz aussterbender Tiere, den Kampf für sauberes Wasser und gegen die Landschaftszerstörung und -vergiftung verstehen, sondern auch und vor allem als »Entgiftung der Politik«: Entgiftung von Klientelwesen und Korruption, Fortschrittsgläubigkeit und hemmungsloser Industrialisierung, vom mörderischen internationalen Wettbewerb ohne

Rücksicht auf Menschen. 1987 rückten die *Verdi* mit respektablen gut zwei Prozent ins Parlament ein.

Noch nie war es einer neugegründeten Gruppierung gelungen, auf Anhieb Deputierten- und Senatorensitze zu erringen. Bisher waren lediglich Separatisten aus schon bestehenden Parteien erfolgreich gewesen (so die Sozialdemokraten, die aus der sozialistischen Partei ausgezogen waren und die Radikalen, die die Liberale Partei verlassen hatten). Insofern konnte man also allerhand Neues erwarten.

Tatsächlich hatten die *Verdi* keinen schlechten Ansatz bei Ihrer Einführung einer neuen Moral – an Zahl der Anfragen, der Gesetzesvorschläge, an öffentlicher Kritik, die den zuständigen Ministern schwere Pein bereitete, waren sie nicht zu übertreffen. Die Hälfte der Abgeordneten waren Frauen – in einem Parlament mit gerade 15 Prozent Frauenanteil ein absolutes Novum. In der Mitte der Legislaturperiode übernahmen die Frauen auch die wichtigsten Fraktionsplätze.

Doch dann begann ein Desaster sondergleichen: Innerhalb nur weniger Monate war es aus mit dem neuen Ansatz, von politischer Hygiene und neuer Moral kein Wort mehr. Statt dessen hieß es nun plötzlich »die Basis verbreitern« – was sich jedoch nur auf die Vereinigung mit einer konkurrierenden Strömung bezog, nicht aufs Wahlvolk. Das nämlich verloren die *Verdi* schnell und gründlich, zumindest das wirklich an Umweltschutz interessierte. 1992 bei den Parlamentswahlen, von denen sie sich weit mehr als fünf Prozent und damit den Aufstieg mindestens zur viertstärksten Fraktion erhofft hatten, blieben sie bei mageren 2,8 Prozent stecken.

Der Zerfall der neuen Moral begann damit, daß der alte Fuchs Marco Pannella, unbestrittener Chef der kleinen, aber immer aktiven Radikalen Partei, seine Lieblingsidee ausgrub: Er wollte den italienischen Parteienstaat, von ihm *partitocratie* getauft, durch Unterwanderung zerschlagen. Radikale sollten die Aufnahme in alle anderen Parteien erreichen und von dort aus die

Führungsgremien attackieren, mit dem Ziel, diese Parteien für Querfeldein-Koalitionen und neue Ansätze zu erschließen, so die Aufhebung der Abtreibungsbeschränkungen, eine bessere Rüstungskontrolle etc., die Freigabe des Drogenkonsums.

Die einzige parlamentarische Gruppierung, in der die Infiltration glückte, waren die armen *Verdi*. Um sie weichzukriegen, hatte ein – offiziell von Pannella abgesetzter, in Wirklichkeit jedoch treuer Gefolgsmann – mit einigen Abgeordneten der Radikalen Partei (die sich inzwischen »Föderalisten« nannten) eine eigene Umweltschutzgruppe aufgebaut, die sich *Arcobaleno*, Regenbogen nannte und dem *Verdi*-Parteisymbol *Sole che ride* (Lachende Sonne) die Schau zu stehlen versuchte.

Statt nun genau dieses Unterwanderungsmanöver als die herkömmliche Manier unmoralischer Politik zu denunzieren, begann in der Fraktion der *Verdi* eine langanhaltende, beschwerliche Diskussion. Sie endete damit, daß die beiden Gruppen vereinigt wurden und der Ex-Radikale Russo Spena die Leitung übernahm: Aus war es mit neuer Moral und hygienischer Politik. Profilierte und über alle Zweifel erhabene Grüne der ersten Stunde ließen sich denn auch nicht mehr für die Neuwahlen 1992 gewinnen, darunter der einzige gleichermaßen in Friedens- und Umweltpolitik versierte Sergio Andreis aus Brescia. Dementsprechend erlitten die Grünen in Oberitalien auch kräftige Einbußen.

Einem ähnlichen Schicksal sucht seit Beginn der 90er Jahre eine andere Gruppierung zu entgehen, dessen Gründer Leoluca Orlando ich schon verschiedene Male genannt und dessen Persönlichkeit ich oben als die eines »Volkstribuns« geschildert habe: *la Rete*, »Das Netz«. Orlando hatte nach seinem von Rom initiierten Sturz seine christdemokratische Partei verlassen und einen losen Zusammenschluß örtlicher Initiativen (daher »Netz«) erreicht, die sich allesamt um eine moralische Erneuerung der Politik bemühen. Der Verbund läßt satzungsgemäß Dominanz irgendwelcher Frühungsgremien nicht zu und leistet sich lediglich Koordinationsstäbe, um Doppelbelastungen zu vermeiden und Informationen auszutauschen.

Die Anziehungskraft der *Rete* ist beträchtlich. Mitstreiter wie der Mailänder Soziologieprofessor Nando dalla Chiesa und seine *Società civile,* der Journalist und ehemalige Turiner Bürgermeister Diego Novelli (vordem KP), der Trientiner Antimafia-Staatsanwalt Carlo Palermo und der Sohn des 1984 ermordeten Schriftstellern Giuseppe Fava, Claudio, haben der Gruppierung 1992 auf Anhieb zwei Prozent im Parlament eingebracht und sie bei den Senatswahlen örtlich – etwa in Palermo – sogar zur stärksten Fraktion gemacht.

Orlando nennt die von ihm geplante Reform der Politik *recupero della responsabilità,* Wiedergewinnung der Verantwortlichkeit, und er wendet sich dabei nicht an beliebige Wähler, sondern gibt seinen Moralisten einen präzisen Namen: *la gente onesta.* Der Begriff läßt sich nicht exakt ins Deutsche übertragen, weil sich dabei mehrere bei uns nicht automatisch verbundene Komponenten mischen – Leute, die ehrlich, aufrichtig, ehrbar, korrekt, redlich, sittsam, anständig, gewissenhaft, fleißig sind. Besser verständlich das Gegenteil davon, worauf das Wort abzielt: *onesto* steht gegen einen anderen Gebrauch von Ehre, der im Begriff *onorata società* vorkommt, der Eigenbezeichnung der sizilianischen Mafia. *Onorata società* wird im Deutschen meist falsch als »Ehrenwerte Gesellschaft« übersetzt, bedeutet aber vom Wortsinn her »geehrte Gesellschaft«, und das trifft die Realität genauer: Mafiosi sind nicht ehrbare Leute, sondern solche, die – meist aus Furcht, jedenfalls aber mit leichten Grauen – »geehrt« werden.

Orlando und seine Mitstreiter haben den Begriff der *gente onesta* bewußt aufgenommen – er stand auf einen der handgeschriebenen Plakate nach der Ermordung des Generals und Antimafia-Präfekten Carlo Alberto dalla Chiesa: *Qui morì la speranza della Palerma onesta,* Hier fiel die Hoffnung des ehrbaren Palermo.

Unterwanderungs-, Korrumpierungs- und Diskriminierungsversuche blieben natürlich auch für Orlando und die Seinen nicht aus; und sie wurden keineswegs nur von düsteren Konkurrenten oder Unterweltlern unternommen. Der sizilianische Schriftsteller und Querdenker Leonardo Sciascia nannte schon Mitte der 80er Jahre Orlando und in seine Richtung arbeitende entschlossene Ermittlungsrichter »Antimafia-Karrieristen«: »Früher mußte man in Palermo zur Mafia gehören, wenn man etwas werden wollte, heute muß man der Antimafia-Bewegung angehören.« Den feinen Unterschied, daß da die einen mit brutalen Mitteln jegliches Recht brachen, die anderen aber dem immerhin demokratisch legitimierten Recht zur Geltung verhelfen wollten, wollte Sciascia nicht sehen: Er hielt die Antimafia-Bewegung für eine Art Modewelle, eine aus Rom angeordnete Verdunkelung neuer Vettern- und Klientelwirtschaft, nur eben mit anderen Leuten als bisher. Orlando überstand die Angriffe, doch lädiert haben sie ihn immerhin.

Daß er am Ende sich wieder aufrappelte, hat einen besonderen, allmählich immer deutlich hervortretenderen Grund: Im Unterschied zu allen anderen bisherigen Reformansätzen kann Orlando auf eine Hilfe zählen, die geradezu unschätzbar ist – ein Teil der katholischen Kirche bekennt sich zu seinem Neuansatz. Nicht die »offizielle« Kirche unter päpstlicher Leitung (die ja mit Lippenbekenntnissen zur Moral niemals gegeizt hat), sondern jener Teil, der sich besonders aktiv politisch engagiert. Das reicht von Ortsgeistlichen in sozialen Brennpunkten Siziliens bis zu Bischöfen in mafia- und camorragebeutelteten Ortschaften im Hinterland von Neapel, von Redakteuren in Organen von Laienorganisationen bis zu Ordensmitgliedern.

Ganz vorne dran steht dabei eine Gruppe, die zwar historisch nicht immer eine besonders moralische Figur abgegeben hat, deren Interessen jedoch derzeit in hohem Maße mit denen der neuen politischen Kräften übereinstimmen; die Jesuiten.

Diese Übereinstimmung der Interessen kann noch länger anhalten – zumindest solange die *Societa Jesu* sich ihrerseits in einer fatalen Oppositionsrolle befindet – der Opposition zum politischsten Papst seit der Renaissance, Karol Wojtyla aus Polen. Solange die Kirche von ihm und/oder seinen Adepten mit ihrer restaurativen Ideologie beherrscht wird, sind die Jesuiten geradezu existentiell darauf angewiesen, dem Heiligen Vater seine Fußtruppen im Volk und in den politischen Parteien Italiens (und anderswo) abspenstig zu machen.

Die »moralische Frage« und ihre Manifestierung in Gruppen wie der *Rete* Leoluca Orlandos scheinen den Gefolgsleuten des Ignatius von Loyola derzeit das geeignetste Instrument dafür.

XVII
Jesuiten fürs neue Italien?

Als sich die Kardinäle 1978 im herbstlichen Rom nach kaum zwei Monaten zum zweitenmal zu einer Papstwahl zusammenfanden, gab es nur wenige Vorgaben für den »Neuen«: Relativ jung sollte er sein (was in vatikanischer Denkweise heißt, unter 60), gesund und von nicht allzu modernem Zuschnitt, vor allem frei von aller Reform. Viele vor allem der älteren der ehrwürdigen Väter hatten die Welle von Innovationen und Reformen durch das Zweite Vatikanische Konzil – trotz des Bremskurses von Paul VI. – noch nicht verwunden. Vor allem aber lag das Trauma des nach 34 Tagen Pontifikat tot in seinem Bett aufgefundenen Johannes Paul I. über der Runde der Purpurträger.

Folgt man dem – allerdings nicht in allen Details zuverlässigen – Autor von ›Im Namen Gottes‹, David Yallop, flüsterte man sich in den Heiligen Hallen bereits damals allerlei geheimnisvolle Informationen über Ungereimheiten in der offiziellen Darstellung der Todesursache Albino Lucianis zu. Daß man schon vor seinem Tod von energischen Überprüfungen der Finanzgeschäfte des Vatikan geraunt hatte, ist gesichert, und daß er eine Reihe von Bindegliedern zwischen Vatikan und internationaler Politik kappen wollte, ebenfalls. Voraussehbar war nach all seinen früheren Einlassungen auch gewesen, daß er nach dem eher farblosen, in zentralen Fragen der Menschheit wie Abtreibung und Ehe hoffnungslos reaktionären Paul VI. eine moderat-moderne Wende einleiten wollte.

Derlei konnte natürlich zu schweren Irritationen in allen möglichen Kreisen führen. Die vom naiv-katholischen Glauben zehrenden Christdemokraten Italiens z.B. hatten die Öffnung Johannes XXIII. nach links noch in unguter Erinnerung: Es war das Ende des »Zentralismus«, der absoluten Hegemonie der

Democrazia cristiana in der Nachkriegszeit. Auch die Geschäftemacher des Vatikan fürchteten Schlimmes: Zahlreiche schon seit Beginn der 70er Jahre nur mühsam unter der Decke gehaltene illegale bis kriminelle Aktionen konnten nun plötzlich ans Licht kommen. Die mit allerlei Dunkelmännern wie den Verschwörerzirkeln der – 1981 aufgeflogenen – Loge »Propaganda 2« kungelnden Kurialen wiederum hatten begründete Angst, im Gefängnis zu landen, zumindest aber in Schimpf und Schande entlassen zu werden.

Bei der Wahl des Nachfolgers für Johannes Paul I. hatten die Kardinäle faktisch nur eine wichtige Entscheidung vorab zu treffen: Sie konnten die Idee der »kirchlichen Selbstreinigung« fortsetzen, die Papst Luciani angekündigt hatte – oder sie konnten ein Zeichen der »Beruhigung« nach außen senden. Etwa: wir wählen einen, der weder modernistische Experimente unternimmt noch spektakuläre Enthüllungen zuläßt.

Die Kardinäle wählten die zweite Möglichkeit. Damit aber waren faktisch alle italienischen Kandidaten ausgeschieden. Die einen, weil sie in der direkten Nachfolge Johannes XXIII. und seines Konzils standen und somit nur für die erste Variante in Frage gekommen wären. Die anderen, weil sie umgekehrt so massive Gegner der Konzilsbeschlüsse waren, daß sich kaum eine Mehrheit innerhalb des damals theologisch noch eher unentschiedenen Kollegiums finden würde.

Der einzige Ausweg bestand in einem in italienischen Fragen »unpolitischen«, in finanziellen Dingen unerfahrenen, dogmatisch niemals auffällig gewordenen und statt dessen vor allem an »Außenpolitik« interessierten Oberhirten. Karol Wojtyla hatte diese Eigenschaften – und mochte mit seinem notorisch freundlich-verschmitzten Lächeln auch noch für den Aufbau eines neuen Papst-Images gut sein. Nach dem säuerlichen Paul VI. ein nicht zu vernachlässigender Faktor – in der Tat hatte die Öffentlichkeit auch schon bei Johannes Paul I. dankbar das freundliche Lächeln als Markenzeichen wahrgenommen.

Daß der erste nichtitalienische Papst seit dem Mittelalter sich derart verselbständigen, in kurzer Zeit den Vatikan weitgehend umkrempeln, die erhoffte – vielleicht sogar ausdrücklich versprochene – Abstinenz in italienischer Innenpolitik schon bald aufgeben und seine eigenen theologischen Defizite durch die Berufung präpotenter, freilich erzkonservativer Dogmatiker in die wichtigsten Kirchenämter kompensieren würde – damit hatte tatsächlich niemand gerechnet.

Innerhalb von nur drei Jahren hatte der Papst faktisch alles weggeräumt, was noch vom Reformkonzil der 60er Jahre geblieben war. Weg vom Fenster waren alle damaligen Papstberater, gebrandmarkt jene, die sich unter Berufung auf den weltlichen Auftrag der Kirche in den ärmsten Ländern der Welt sozial und politisch engagierten, gestoppt die schon eingeleitete Anerkennung verheirateter Priester und von Frauen am Altar, ins Gegenteil verkehrt die ansatzweise vorhandene Toleranz gegenüber Homosexuellen und Randgruppen. Statt aufklärerischer Ratgeber zog Karol Wojtyla die geheimbündlerischen Elite-Katholiken der stockkonservativen Vereinigung *Opus Dei* an seinen Hof.

Dies alles, ohne die Außenpolitik schleifen zu lassen. Nicht nur in Polen, wo Wojtyla mit Lech Walesa seinen Brückenkopf im damals noch kommunistischen Osten ausbaute, sondern auch in alle anderen Staaten des Warschauer Paktes liefen bald die Verbindungen und destabilisierten die Regime. Die Methode war meist dieselbe: durch die Verstärkung der bilateralen Beziehungen zwischen der katholischen Kirche und anderen Religionsgemeinschaften unterstützte der Papst die Opposition der Gläubigen in den kommunistischen Staaten; gleichzeitig warb er im Westen unentwegt um Hilfe – politische wie finanzielle – für regimefeindliche Gruppen im Osten. Mit US-Präsident Ronald Reagan, der im Osten das »Reich des Bösen« sah, verband Wojtyla, der seinerseits die Existenz des Teufels geradezu dogmatisch festlegte, bald eine intensive Freundschaft. Sie manifestierte sich, nach den Recherchen des Watergate-Enthüllers Carl Bernstein, auch in gemeinsamen Aktionen unter Einschaltung von Geheimdiensten und allerlei Dunkelmännern.

Mitte der 80er Jahre entdeckte der Papst neues Terrain – eine gemeinsame Linie mit den Fundamentalisten des Islam, denen ganz wie Wojtyla gleichermaßen weder die Kommunisten noch die ganz dem nihilistischen diesseitigen Konsum hingegebenen Industrie-Anbeter ein Dorn im Auge sind. Mitte der 80er Jahre organisierte die Kirchenleitung Gipfeltreffen der großen Weltreligionen, eines davon im italienischen Assisi. Während des Krieges gegen den Irak trat Wojtyla als einer der obersten Pazifisten auf – weniger aus dogmatischen oder humanitären Gründen, sondern weil er, vorerst noch, das Fenster in den Orient braucht, um dem Islam nicht alleine den Heiligen Krieg gegen Glaubenslosigkeit und Unmoral zu überlassen.

Natürlich blieb im Verlauf des nun schon bald 15 Jahre währenden Pontifikats so ziemlich alles auf der Strecke, was den Katholizismus der modernen Welt aufgeschlossen hatte. Das Erstaunliche daran ist, daß nach Jahren eher geringschätzigen Kopfschüttelns über die geradezu ins Mittelalter zurückführende Restauration das Denken Johannes Pauls II. in den letzten Jahren unversehens für immer mehr Kreise interessant wird – nicht wegen seiner Inhalte, sondern wegen seiner Konsequenzen.

Die Angst vor einem neuen Einfall islamischer Heere ist schon fast so groß wie im Mittelalter, seit sich Millionenmassen gerade aus dem mohammedanischen Ländern des Ostens und Afrikas auf den Weg nach Europa machen. Nicht selten ist in fast allen europäischen Staaten bereits wieder eine Kreuzzugsmentalität zu beobachten, wenn es ans Hinauswerfen Zugewanderter geht. Andererseits haben bisher eher laizistische und kirchenindifferente Manager und Industrielle die von Wojtyla gepredigte Gehorsamspflicht als gar nicht so schlechtes Regulationsinstrument gegenüber den renitenten Massen der rohstoffreichen und arbeitskraftbilligen Dritten Welt entdeckt. Natürlich halten auch die nun wieder in die Spendentasche greifenden Konzernchefs das Verbot von Empfängnisverhütung und das Gebot der außerehelichen Keuschheit nach wie vor für Schwachsinn – aber als Einübung in die Unterwerfung der Gebote von »oben« erscheinen sie ihnen immerhin geeignet. Ein Vorrücken restaurativer katholischer Ideologie mit stark fundamentalistischen Elementen, vor einem Jahrzehnt noch als völlig unmöglich erachtet, scheint keineswegs mehr ausgeschlossen.

Dem widersetzen sich, und mit zunehmender Intensität, vor allem zwei große Gruppen, die der wojtylaschen Säuberung bereits früh zum Opfer gefallen waren: die Jesuiten und die Franziskaner. Erstere hatte der Papst vor allem wegen ihrer dominierenden Rolle im Konzil hinausgeworfen, außerdem paßte ihm nicht, wie die Jünger des Ignatius von Loyola schon seine ersten Lehrsprüche mit allerlei feinverästelten theologischen Überlegungen zur Makulatur machten: Besserwisser, die der Papst als lästige Götter neben sich empfand und daher verbannte. Die Franziskaner, die mehr zur Tat denn zur Theorie neigten, galten dem Papst ihrerseits wegen ihrer bei der Arbeit vor Ort zustandegekommenen engen Zusammenarbeit mit Sozialisten und Marxisten als nahezu gottlose Gesellen.

Die Franziskaner – geführt von den Gebrüdern Boff aus Brasilien – ebenso wie andere »Theologen der Befreiung« um Helder Camara und den Peruaner Gustavo Gutierrez nahmen die päpstlichen Bannsprüche (die bis zu befristeten Publikationsverboten gingen) relativ gelassen, allenfalls mit eingezogenem Kopf, hin und verließen sich im übrigen auf die weitgehende Deckung durch den südamerikanischen Episkopat. Anders die Jesuiten: Sie nahmen die Herausforderung ganz nach ihrer traditionellen Art an. Ihre vom toskanischen Gelehrten Bartolomeo Sorge geleitete italienische Zeitschrift ›Civiltà cattolica‹ veröffentlichte zu jeder Frage, die Karol Wojtyla aufgriff oder sein Spiritus rector Joseph Ratzinger in die Diskussion warf, überaus differenzierte, stets am Zweiten Vatikanischen Konzil ausgerichtete Artikel. Die waren so feingesponnen, daß die Kurialen niemals wirklich antipäpstliche oder antidoktrinäre Formulierungen feststellen konnten – und wiesen dennoch in nahezu jeder Zeile nach, wie weit sich Johannes Paul II. und seine Kamarilla von jeder Art moderner Theologie entfernten. Mehr noch: Sie konterkarierten gerade die von Wojtyla besonders geförderte Tendenz zu eher naivem, an reinem Gehorsam orientiertem Glauben, indem sie die Weissprüche des Kirchenchefs besonders ernst nahmen. Unentwegt zwangen sie Ratzinger und Kompanie in das Labyrinth authentischer Bibel-Interpretation – und da hatten die in allen Haarspaltereien unübertrefflichen Jesuiten natürlich sozusagen ständig Heimspiel.

Griff Wojtyla etwa zu seinen Lieblingsthemen, der außerehelichen Enthaltsamkeit, der vorehelichen Jungfernschaft, der Festlegung der Frau auf die Mutterrolle (oder die der Braut Christi im Kloster), so stellten die Jesuiten, die päpstlichen Thesen mit ernstem Kopfnicken bedeutend, die von den Dogmatikern aus St. Peter zitierten Evangeliumssprüche jeweils in ihren historischen Kontext – und machten dem Leser klar, daß aus alledem eigentlich das genaue Gegenteil dessen hervorgeht, was der Papst hineingelesen hatte.

Karol Wojtyla reagierte mit unterschiedlichen Mitteln. Den seit dem Konzil angesehensten italienischen Jesuiten Carlo Maria Martini z.B., bis heute einer der aussichtsreichsten Kandidaten für das Papstamt, ernannte er schnell zum Erzbischof von Mailand – um ihn damit aus dem Rennen für die bald fällige Neubesetzung des obersten Jesuitenamts, des Ordensgenerals, zu werfen.

Martini, der bis dahin die Ordensuniversität geleitet hatte, ging murrend, aber keineswegs gebeugt – und baute vom mammonbesessenen Mailand aus eine umfangreiche Strategie zur moralischen Reformierung der weltlichen Politik auf. Sein Ansehen wuchs in Italien und im Ausland von Jahr zu Jahr – sogar die Angehörigen der linken Terrororganisation *Prima linea* hatten am Ende soviel Vertrauen zu ihm, daß sie ihm ihre Waffen, zum Zeichen der Aufgabe des »bewaffneten Kampfes«, ins Ordinariat sandten. Martinis Bücher sind Bestseller, seine Predigten werden von Zehntausenden von Menschen verfolgt – oft hat er mehr Publikum als der Papst bei seinen mittwöchlichen Audienzen. Ein Gegenmittel gegen den würdevollen und immer aufrichtigen Kardinal ist den Purpurträgern um Wojtyla bisher nicht eingefallen; Auftritts- oder Publikationsverbot würde unzweifelhaft zu einer Zerreißprobe und Spaltung im italienischen Klerus führen.

Anderen Jesuiten kam der Papst von vornherein mit drastischen Mitteln. Das Sprachrohr der *Societas Jesu,* die ›Civiltà cattolica‹, nahm er sich persönlich vor: Nach einer Reihe immer offener papstkritischer Artikel (die meist auf seine rechte Hand, Kardinal Ratzinger, zielten) stellte er die Zeitschrift vor die Alternative, zu kuschen oder die Redaktion auszuwechseln. Bartolomeo Sorge, gestützt von seinen Ordensoberen, gab nicht nach – da erzwang der Papst unter Ausnutzung seiner höchsten Entscheidungsgewalt, die Entlassung des frechen Schreiberlings. Der Orden rächte sich auf eine Weise, die Wojtyla heute mehr zu schaffen macht, als Sorge es je in Rom gekonnt hätte: Er schickte den in zwanzig Redaktionsjahren mit allen Wassern gewaschenen, mit allen wichtigen Leuten des Landes bekannten Padre – nach Palermo. Nach außen hin war das eine Art Verbannung; doch die Jesuiten wären nicht die Jesuiten, wenn sie nicht gerade damit eine unglaubliche Provokation zustande gebracht hätten.

Sorge übernahm das bis dahin eher im Verborgenen dahinvegetierende *Centro Pedro Arrupe,* eine Art Sozialbildungsinstitut, wie es in vielen anderen Regionen auch existiert, im Grunde ein Versammlungsort für Frömmler. Knapp ein Jahr danach war das Institut landesweit in aller Munde: Sorge erklärte unverblümt, er wolle die Einrichtung zum »Laboratorium einer neuen Politik« machen. Die Wahl des blutjungen Leoluca Orlando zum Bürgermeister Palermos war dann das erste sichtbare Werk des »Laboratoriums«. Kurz danach erfolgte der Hinauswurf der damals arg mit den Mafiosi kungelnden Sozialisten und die Bildung einer Koalition aus dem antimafiosen Teil der DC, Sozialdemokraten, Grünen, Linksunabhängigen und Bürgerinitiativen, später auch den Kommunisten – der zweite Schritt einer »Generalreinigung« der Politik. Sorge lapidar: »Sozialisten und andere Parteien, die hier nicht mitmachen, vor allem aber die antiquierten Teile der Katholikenpartei *Democrazia cristiana* haben eine veraltete Sicht der Politik. Sie stützen sich auf Pakte untereinander, statt die Bedürfnisse der Menschen zu beachten und die Probleme Fall für Fall, im Zweifel auch mit unterschiedlichen Mehrheiten, einer humanen Lösung zuzuführen.«

Bartolomeo Sorge hatte freilich in Palermo nicht unbedingt Neuland betreten müssen: Schon vor ihm wirkte dort ein Ordenskollege, der Politologie-Professor Ennio Pintacuda. Anfang der 80er Jahre hatte er eine Bürgerinitiative namens *Una città per l'uomo* ins Leben gerufen, die sich für eine Reinigung der Stadtpolitik von Korruption und Vetternwirtschaft einsetzte, die Sanierung der von Spekulation und Kriminalität zerstörten Vorstädte anmahnte und bei den Stadtratswahlen bereits mehrere Kandidaten in die Distriktsmagistrate gebracht hatte.

Pintacuda, der eigentliche »Entdecker« Orlandos, arbeitet mit Sorge bis heute nicht nur im *Istituto Pedro Arrupe*, sondern insgesamt in der Politik blendend zusammen – und dies trotz einer nach außen großartig verkauften »Spaltung« im Labor: Als Leoluca Orlando sich von der *Democrazia cristiana* lossagte und seine *Rete* organisierte, tadelte Sorge dies offiziell, während Pintacuda seinem Orlando treu blieb und heute weiter als sein Hauptratgeber gilt.

Die »Spaltung« macht Sinn: Orlando löste bei seinem Austritt zwar einen ansehnlichen Teil der *gente onesta* aus der DC heraus, doch die Mehrheit auch der reformwilligen Katholiken blieb, aus Trägheit oder Tradition, in der alten Partei. Wären alle Orlando-Freunde mitgegangen, hätte die christdemokratische Partei auf der einen Seite ihren lästigsten Flügel losgehabt, andererseits wären all jene verwaist gewesen, die noch an eine Reformierbarkeit der Christenpartei glauben.

Da war nun Padre Sorge vor: Er wirkt weiter in der DC, taucht auf allen Kongressen auf und berät jene, die die alte Klientelwirtschaft und die Kungelei mit dubiosen Typen wirklich beseitigen wollen.

So haben die Jesuiten mit Martini, Sorge und Pintacuda die althergebrachte politische Landschaft Italiens sozusagen von drei Seiten umklammert; gleichzeitig bilden sie drei unterschiedliche Pole im Kampf gegen die päpstliche Autorität: der intellektuelle, zurückhaltende Martini mit seinen abgewogenen und doch radikal-moralisierenden Predigten, der scharfzüngige Sorge mit seiner publikumswirksamen Formulierungskraft und seiner feinen toskanischen Ironie und der mit beiden Beinen auf dem Boden der Praxis stehende Pintacuda, der sich auch durch noch so viele Angriffe aus der offiziellen Politik nicht von seiner Ausmistungsarbeit abbringen läßt.

Daß die Jesuiten den etablierten Parteien zunehmend Schwierigkeiten bereiten und Angst einflößen, zeigt sich an vielen Stellen. Allzu gut gelingt es den Männern der »Societas Jesu«, den politischen Gruppen die herkömmliche Basis immer gleich wählender, glaubenstreuer, naiver Bevölkerungsschichten zu entziehen. Sie zeigen den Bauern und der bigotten Bevölkerung des Südens, wie unchristlich ihre christdemokratischen Minister handeln, weisen den Sozialisten unsoziales Verhalten und den Kommunisten mangelnden Gemeinschaftssinn nach. So sind bereits nahezu alle politischen Parteien schon mal persönlich beim Vorsitzenden der Bischofskonferenz oder gar beim Papst vorstellig geworden, um gegen das Treiben der militanten Ordensbrüder zu protestieren.

Bei solchen Gelegenheiten erhalten sie dann aber weniger Trost oder Versprechen auf baldige Abhilfe, sondern müssen sich meist ihrerseits laute Klage der Kurialen oder päpstlichen Höflinge anhören – man wisse selbst nicht, wie man mit diesen Polit- und Theologie-Desperados zurechtkommen, wie sie domestizieren solle. Im Gegenteil: Mit jedem Angriff auf sie werde es schlimmer. Kardinal Martini habe man anläßlich eines Buches mit allerhand nahezu häretischen Statements abzumahnen versucht – vergeblich, der Mann habe freundlich das Imprimatur (die Druckerlaubnis) seiner Oberen vorgezeigt und um eine möglichst öffentliche Debatte seines Opus gebeten. Der Pintacuda- und Sorge-Zögling Leoluca Orlando sei seit seiner vom papstfrommen Regierungschef Andreotti persönlich geleiteten Entmachtung noch beliebter als vorher, die gegen ihn ausgestreute Diffamierung »Jesuitenschüler« gar zum populärsten Ehrentitel für Erneuerer der Politik geworden.

Schlimmer noch: Immer deutlicher sehen sich auch andere, bisher absolut papstergebene Gruppen gezwungen, sich zumindest nach außen mit den Thesen der munteren Jesuiten auseinanderzusetzen. ›Il sabato‹ z.B., weitverbreitetes Organ der militanten Laienvereinigung *Comunione e liberazione*, fundamentalistisch ausgerichtet und dem Papst näherstehend als selbst der ›Osservatore romano‹, stellte Ende der 80er Jahre eigens einen ehemaligen Kombattanten der Studentenbewegung als Chefredakteur ein, um wenigstens mit den soziologisch-populistischen Inhalten der Jesuiten und ihrer Schüler in Politik und Klerus mithalten zu können. Als sich während des Irak-Krieges aufgrund der vom Papst ausgegebenen Friedensparolen zahlreiche Berührungspunkte mit der neuen moralischen Politik der Jesuiten ergaben, mußten die Führer von *Comun-*

ione e liberazione die Redaktion von ›Il sabato‹ regelrecht mit Entlassungsdrohungen überschütten, um sie von weiterer Annäherung an die *questione morale* à la *Societas Jesu* abzuhalten. Im Frühjahr 1992 feuerte ein extra in den Verlag entsandter neuer Herausgeber von ›Il sabato‹ den Chefredakteur. Das Blatt sackte daraufhin im Verkauf beträchtlich ab und konnte sich erst wieder erholen, als man die jesuitischen Themen erneut aufgriff.

Das massive Eintreten für die moralische Reform der Politik und die daraus entstehende Interessensidentität mit auch nichtkirchlichen Erneuerungsbewegungen darf natürlich nicht darüber hinwegtäuschen, daß die Jesuiten derlei Allianzen von heute auf morgen verlassen können, wenn sie bei Hofe in St. Peter wieder die frühere Rolle spielen – oder auch nur begründete Aussicht darauf haben würden. Das heißt nicht, Menschen wie Kardinal Martini oder den Padres Pintacuda und Sorge Opportunismus zu unterstellen: Vermutlich wären sie, drehte sich der Wind, selbst bald ihren Einfluß los und, soweit feuerbar, auch ihre Posten. Die »moralische Frage«, mit der sie derzeit hantieren, ist für sie, nach dem alten Jesuiten-Wahlspruch, Mittel zum Zweck, nicht Zweck in sich selbst: ein Werkzeug, mit dem sich der restaurative Papst und der ihn tragende Flügel in Kirche und Politik im Augenblick am besten zwicken und in die Enge treiben lassen. Ein Werkzeug eben, aber nicht mehr – man legt es weg, wenn es seine Schuldigkeit getan hat oder wenn man sich ein anderes Ziel setzt.

Der Vorteil für Jesuiten von Schlage Martinis, Sorges und Pintacudas in der derzeitigen Situation besteht darin, daß sie sich selbst nicht – wie Jesuiten in der Geschichte sonst oft genug – innerlich vergewaltigen müssen, wenn sie ihre Thesen aussprechen und ihre Theologie verkünden. Es genügt, wenn sie einigermaßen das verkünden und tun, was ihnen wie der großen Masse des Volkes das Gewissen sagt. »Mir genügen derzeit die Zehn Gebote«, sagte mir Bartolomeo Sorge in einem Interview, »und dann weiß ich, was ich den Politikern und ihren Untertanen hier predigen muß.«

Sorge betonte keines dieser Worte besonders. Und doch lag die Betonung eindeutig auf »derzeit«.

Das ist sicher der springende Punkt, über den sich Menschen wie Leoluca Orlando und all jene klar sein sollten, die dem ausgedienten »schönen Italien« ein neues, vielleicht nicht mehr rundherum schönes, aber innerlich gebessertes Italien entgegensetzen wollen – und die dabei auf Unterstützung wie die von seiten kirchlicher Opposition bauen.

XVIII
Benvenga nuova Italia

Il popolo italiano, steht in großen Lettern auf einem der Palazzi im Mussolini-Stil gegenüber dem Augustus-Mausoleum in Rom, *è il popolo immortale / che trova sempre una primavera / per le sue speranze per la sua passione per la sua grandezza:* Das italienische Volk ist unsterblich, es findet immer einen Frühling für seine Hoffnungen, seine Leidenschaft, seine Größe.

Wollen hoffen, daß es einen Frühling gibt – doch daß der nicht jene »Größe« bringt, den die Verfasser solcher Sprüche im Auge hatten. Wenn das Land nicht in jene Scheinblüte verfallen soll, die schon zu Zeiten der Monarchie am Anfang dieses Jahrhunderts – damals in Gestalt der Libyen-Expedition – und dann unter dem Faschismus unaufhaltsam in blutige und stets erfolglose Abenteuer geführt haben, dann sind es ganz andere Werte, auf die Italien bauen muß. Sie kommen nicht in Großmannssucht, Angeberei und Anspruchsdenken zum Ausdruck, sondern in der Arbeit für eine wieder lebbare Zukunft – die nicht zu Lasten anderer aufgebaut wird, national wie international. Darum sehe ich die Hoffnung auf *Italia nuova* nach dem *Addio* eher in Menschen und Institutionen ohne großen Machthintergrund, die jedoch in sich die Kraft für große Entwicklungen haben. Sie sind mir eine stärkere Garantie für Geradlinigkeit und Unbeirrbarkeit als die am Ende doch immer wieder von ihren Oberen oder sogenanntem »übergeordneten Gehorsam« dirigierten Kirchenleute.

Wenige Schritte neben dem Palazzo, an dem der oben zitierte hehre Spruch über die Unsterblichkeit des italienischen Volkes steht, liegt z.B. die Redaktion von ›il manifesto‹, der kleinsten landesweit verbreiteten Tageszeitung Italiens. Ein Blatt, das bis vor kurzem vor allem durch seine zwar überaus intelligenten, aber auch stark ideologisch festgelegten Kommentare, weniger durch Reportagen und lebensnahe Artikel geprägt war: ein Meinungsträger, dem man oft genug die Patina vorgestriger Ideen anmerkte, auch wenn diese sich als »links« oder »fortschrittlich« gaben. Mit dieser Ideologisierung stand die Zeitung zwar nicht alleine, weil die Presselandschaft in Italien nahezu durchgehend politisch geordnet und die Weltanschauung der einzelnen Redaktionen meist weitgehend festgelegt ist.

Doch gerade ›il manifesto‹, das Anfang der 70er Jahre aus der Abspaltung einer winzigen Gruppe links von der KP-Leitung entstand, wagte ein für Italien bisher einmaliges Experiment. Nachdem es zwischen seinen Gründerfiguren wie Rossana Rossanda, Luigi Pintor, Valentino Palato und den 40 bis 50jährigen Redakteuren einen monatelangen, teilweise sehr harten Kampf um die Linie des Blattes und seine Führung gegeben hatte, legte die Redakteurskonferenz die Leitung der Zeitung in die Hände der »Enkel« jener Gründer. Ein vierköpfiges Gremium aus blutjungen Journalisten leitet nun ›il manifesto‹.

Die jüngste von ihnen ist Raffaella Menighini; sie war bei ihrer Ernennung 1991 nur wenig über 26 Jahr alt, hatte Soziologie studiert und nebenbei als Stadtreporterin gejobbt, war dann in die Auslandsabteilung der Zeitung berufen worden. Bereits das erste Zeichen eines Wandels: Statt sich nun seit ihrer Ernennung zur *caporedattrice* stolz in allen möglichen Talkshows zu präsentieren und mit ihrer so jung erreichten Stellung gesellschaftlich zu wuchern, unter Umständen sogar gleich nach noch höheren Posten Ausschau zu halten, übernahm sie die Aufgabe eher widerwillig. Es war ihr klar, daß sie dann nicht mehr zum Schreiben kommen würde, weil das Organisieren, Einteilen, Werten, Vorantreiben der täglichen Redaktionsarbeit einem alles abfordert. Der Erfolg der jungen Crew kann sich schon jetzt sehen lassen – wie durch ein Wunder hat sich der interne Streit beruhigt, die Gründer können hervorragend mit den Jungen (wahrscheinlich ist das Platzhirsch-Gehabe vor allem auf einander nahe Generationen beschränkt), und diese setzen trotzdem ein anderes, offeneres, ideologieferneres Blatt durch. Überholte Inserts wurden gekippt, der Mut zur Entscheidung für zwei oder drei wichtige Themen des Tages wird sichtbar, die Artikel gehen wesentlich näher an die unmittelbare Lebensrealität der Menschen heran.

Die Gefahr, sich bei dieser Arbeit der Neugestaltung innerlich zu verschleißen und später auch nicht mehr hineinzufinden in die wirkliche Passion, ist für Raffaella Menighini tatsächlich sehr groß. Und das wäre in der Tat ein Schaden nicht nur für ›il manifesto‹, sondern für den Journalismus insgesamt.

Raffaella Menighini beherrscht, rare Ausnahme in der italienischen Schreiberzunft, die große Reportage und das unspektakuläre, aber gleichwohl wasserdicht abgecheckte Feature. Ihre Artikel kommen nicht mit Hilfe der üblichen, meist berechnet zugesteckten Information durch geschwätzige Politiker oder Hausintriganten, profilierungssüchtige Staatsanwälte oder Verteidiger, eifersüchtige Stars oder intrigante Kirchenobere zustande, sondern fast ausschließlich durch eigene Recherchen, wo immer möglich, vor Ort. Sie beschreibt die Menschen, die sie trifft, ihre Reaktionen auf die Politik und die gesellschaftlichen Veränderungen, treibt keine *dietrologia,* sondern setzt Hintergründe dort ein, wo sie dem Verständnis nützen. So hat sie unter anderem Themen wie Vergewaltigung und Frauenemanzipation aus der vordem rein ideologischen Diskussion gelöst und auf ein konkreteres, sinnlich erfaßbareres und darum auch wesentlich ergreifenderes Niveau gestellt: »Den Lesern zeigen, wie es den Menschen geht« – ein sehr simpel klingender Spruch, der für die meisten unseres Berufes aber unendlich schwer zu realisieren ist.

Geholfen hat ihr wohl auch, daß sie, wiederum eine Ausnahme, Fremdsprachen erlernt hat und im Ausland gereist ist, sie hat Reportagen über Randgruppen in Großbritannien ebenso nachvollziehbar vermittelt wie Berichte über die alltägliche Erniedrigung der Menschen im neuen Rußland.

Daß sich eine Zeitung eine Frau wie Raffaella Menighini, die weder durch geheimnisvolle Informanten noch durch spektakuläre Enthüllungen aufgefallen ist, als Chefredakteurin leistet, gibt große Hoffnung, daß sich im Informationswesen des Landes erstmals Neues tut, in die richtige Richtung: Mit der Arbeit von Menschen wie Raffaella Menighini könnte sich das Land von der bisherigen Konzentration auf um sich selbst kreisende Interessenszirkel lösen und sich endlich den wirklichen, alltäglichen Problemen der Menschen öffnen.

Eine ganz ähnliche Rolle fällt, in anderem Ambiente und unter einem völlig anderen Aspekt, Sergio Andreis zu. Der ehemalige Abgeordnete der *Verdi* hat es abgelehnt, noch einmal fürs Parlament zu kandidieren, obwohl ihm ein sicherer Platz auf der Liste angeboten war – ein für Italiens und besonders für junge Menschen im politischen Ambiente sehr seltenes Verhalten und ein wichtiges Zeichen für den Erneuerungswillen auch in politischer Hinsicht.

Sergio Andreis, einer der Grünen der ersten Stunde, hat erkannt, daß die grüne Bewegung nach fünf Jahren Parlamentarismus verschlissen, kaputt, ganz und gar entfernt von ihren Quellen und Ausgangspunkten ist. Sie ist zur Partei verkommen und hat alle Kraft zur Innovation verloren.

Mit dieser Einschätzung steht Sergio Andreis zwar nicht alleine – wohl aber mit der Konsequenz, die er daraus zog, die parlamentarische Politik aufzugeben und seine politischen Ideen jetzt sozusagen in einem »feedback«-Verfahren durch die Arbeit in internationalen Organisationen durchzusetzen. Und viele zweifeln auch daran, daß er damit Erfolg haben wird.

Der Ex-Abgeordnete ist heute 40 Jahre alt, hat Philosophie in Italien und, vier Jahre lang, auch in Deutschland studiert, kam dabei mit der deutschen Version der Protestbewegung ebenso wie mit Friedens- und Umweltschutzgruppen in Kontakt und ist bis heute einer der wenigen in Italien, die Ökologie mit Pazifismus verbunden haben. Sergio Andreis zeigte sein Friedensengagement schon früh mit aller Konsequenz: Er verweigerte den Militärdienst. Das war damals in Italien noch ein Verbrechen, und so wurde er acht Monate lang in die Festung Gaeta eingesperrt – jenes Zuchthaus, in dem auch der letzte in Italien festgehaltene (später geflohene) Nazi-Kriegsverbrecher Kappler einsaß. In seiner Heimatstadt Brescia und dann in Mailand organisierte Andreis die ersten großen Demonstrationen gegen Umweltzerstörung und die unbekümmerte Machtausübung der Konzerne bei der Bauspekulation und der Korrumpierung der Politik.

Kennengelernt habe ich ihn auf eine besonders kuriose Art. Er rief mich aus Berlin an, weil er nach Jahren Abwesenheit aus seiner einstigen Studienstadt an der Gangway einen Freund vorfand, der ihm einen zufällig genau an diesem Tag erschienenen Artikel zeigte: einen Bericht über einen doppelten Skandal, in dem Sergio eine Hauptrolle spielte. Er hatte, damals Regionalabgeordneter (entspricht unseren Landtagsabgeordneten) in der Lombardei, dem Dezernenten für Umweltschutz ein EG-Dossier über umweltgefährdende Fabriken in Oberitalien von dem Schreibtisch genommen, kopiert, wieder zurückgelegt und die Kopie der Presse übergeben. Diese jedoch schwieg den Fall tot – kein Wunder, unter den besonders gefährlichen Öko-Sündern war auch die Druckerei des ›Corriere della sera‹ aufgeführt, bei der ein Gutteil der italienischen Presse ihre Blätter herstellen läßt. Erst mein Bericht in der ›taz‹ machte, auf dem Umweg über die internationale Presse, Italiens Öffentlichkeit auf diese Kungelei zwischen Industrie und Medien aufmerksam.

Der Staatsanwalt freilich sah die Sache anders: Er ermittelte gegen Sergio Andreis wegen Dokumenten-Diebstahls und erließ sogar einen Haftbefehl gegen ihn. Der wurde wegen seiner Wahl ins Parlament außer Vollzug gesetzt – das Verfahren soll aber nun, nach dem Ausscheiden aus der Kammer, wieder aufgenommen werden.

Zwei Jahre lang leitete Sergio Andreis nach seiner Wahl die Geschäftsführung der *Verdi* im Parlament und brachte die Dreizehn-Köpfe-Truppe mit ansehnlichen Beiträgen und öffentlichen Erklärungen immer wieder ins Gespräch. Daneben entwickelte er sich, als einzig sprachkundiger Deputierter seiner Fraktion, zu einer Art »Außenminister« seiner Gruppe und erwarb auch die Achtung anderer Fraktionen wegen seiner behenden Art, Entwicklungen im Ausland unverzüglich auch in Italien zur Sprache zu bringen. Mit immer neuen, oft recht schlitzohrigen Einfällen trieb er zuständige Minister – etwa die für Umweltschutz, Gesundheit, Verteidigung, Äußeres – derart in die Enge, daß diese es bald als ratsam ansahen, bei wichtigen Entscheidungen erst mal den schnellen Grünen um seine Einschätzung zu bitten, bevor sie sich im Kabinett, im Parlament oder in der Öffentlichkeit blamierten. Wo inneritalienische Aktionen nichts oder zu wenig brachten, organisierte Sergio Andreis über das Ausland; so gehörte er zu den wenigen, die nicht nur gegen den Irak-Krieg auf die Straße gingen, sondern auch ansehnliche Demonstrationen gegen den Kurdenmord durch den Irak zustande brachten. Sein Credo »Export von Hilfen und Besserstellung anstelle von Konkurrenz und Übervorteilen« sieht er nicht nur als humanitäre Einstellung an, sondern auch als »einzige Überlebensgarantie der sogenannten entwickelten Welt selbst«.

Daß er sich beim Verfolgen seiner Ziele mit allen verbündet, die er zumindest partiell glaubwürdig in derselben Richtung tätig werden sieht, hat ihm mitunter den Vorwurf der Paktiererei selbst mit sonst eher indizierten Gruppen wie den Neofaschisten oder Stalinisten oder – noch schlimmer – Regierungsmitgliedern – eingebracht. Er nimmt es in Kauf: Wenn die eigene Gruppe und die verschworenen Umweltschützer sich der Postenschieberei und dümmlichen internen Machtkämpfen hingeben, muß man sich seine Verbündeten eben anderswo suchen. Daß sich die Auswahl dabei mitunter gefährlich verengt, steht natürlich außer Zweifel.

Das unlösbare Problem für Sergio Andreis: Sein Rückzug aus der italienischen Politik hinterläßt eine Lücke, die derzeit noch kaum jemand anderer auffüllen kann, am wenigsten diejenigen, die nun ins Parlament gewählt wurden – großenteils hochgekommen über die Fusion der usprünglichen Grünen mit der extra für die Unterwanderung der *Verdi* von der Radikalen Partei» abgespaltenen *Arcobaleno*-Gruppe. Umweltschutz ist für sie keine parteien- und organisationsübergreifende Bewegung und auch keine für alle Menschen existentielle Frage mehr, sondern eines der vielen Puzzleteile im Spiel der italienischen Politik; ohne in diesem Spiel mitzumachen, wird man, so die These der neuen Gruppierung, auch beim Umweltschutz nichts erreichen.

Sergio Andreis sieht darin die Preisgabe aller wichtigen Aspekte der einst so hoffnungsvollen Bewegung der *Verdi*: insbesondere die einst allem anderen vorangestellte Forderung nach einer »Ökologie der Poltik« als Voraussetzung überhaupt für den Schutz der Umwelt (und der Welt) wird durch die Teilnahme im Mitmachen im Machtspiel des *Palazzo* geradezu ins Gegenteil verkehrt.

Raffaella Menighini und Sergio Andreis: die junge Chefredakteurin der kleinsten Tageszeitung und der scheidende Abgeordnete der kleinsten Parlamentsfraktion sind zwar noch seltene, aber immerhin nicht mehr nur vereinzelte Vertreter eines neuen Italien. Bei ihnen wird, anders etwa als bei unserem Francesco zu Beginn des Buches, nicht nur eine Suche nach dem anderen Italien sichtbar, sondern auch schon ein Konzept – eine Vorstellung von Zukunft. Darin fehlen zwar manche Aspekte, die gerade dem Ausländer mitunter am alten Italien so gefielen – die Schlitzohrigkeit, das Improvisationstalent, das leichte und schnelle Arrangieren, das allerdings manchmal auch allzu leicht und allzu schnell geschieht. Dafür aber zeigen Raffaella und Sergio, und mit ihnen immer mehr Italiener, daß wieder mit ihnen zu rechnen ist – im positivsten Sinne des Wortes: daß nicht die großmannssüchtige Reklamierung des Adriaraumes ihr Anliegen ist, sondern die Sanierung der Adria; daß für sie weniger wichtig ist, ob Italien ein zentralistischer Staat bleibt, sondern wie die Menschen darin leben; daß sie es weniger beachtenswert finden, was dieser oder jene Minister oder Prälat sagt, sondern was jene sagen, die unter deren Politik und Glaubensdoktrinen leiden; daß Immigranten nicht als Eindringlinge gelten, sondern als zumeist vom Hunger getriebene Frauen, Kinder und Männer.

Es ist der Versuch, Solidarität als traditionelle, nur im Umbruch verlorengegangene Tugend der Italiener auf neuem, nationalen und internationalem Niveau wieder zu beleben, und dies über eine Moralisierung von Politik und Gesellschaft. Natürlich ein Versuch, dessen Erfolg noch lange nicht feststeht. Doch vor wenigen Jahren waren noch nicht einmal Ansätze dazu erkennbar.

Wir haben im Laufe des Buches unzählige Aspekte erwähnt, bei denen Italien sich schon bald wieder als Vorreiter neuer Entwicklungen in ganz Europa erweisen könnte, vom Neokolonialismus über die Fremdenfeindlichkeit und dem Export der Kriminalität bis hin zu einer Neudefinition staatlicher Einheit. Wollen hoffen, daß sich zuvörderst die hier stellvertretend bei der jungen Redakteurin und dem konsequenten Grünen geschilderten Tendenzen durchsetzen werden.

247 Seiten, Broschur
ISBN 3-926901-46-2

Aburish ist ein großer Kenner der Nahost-Problematik. Man wünschte sich fast, daß dieser besonnene Mann mit an den Verhandlungstischen sitzen würde. Sein Buch hilft allen, die endlich über den Zaun auf die andere Seite blicken wollen – und zwar von beiden Seiten aus.

Peter Felixberger in der Süddeutschen Zeitung

280 Seiten, gebunden
ISBN 3-926901-52-7

Die Familiengeschichte der Aburishs schildert plastisch und orientalisch lebendig die menschlichen und historischen Hintergründe der heutigen Nahostkrise. Sie weckt Verständnis für vitale Männer, Frauen und Kinder, ihr Bedürfnis nach Würde, ihr Ringen um eine Identität als Volk, die in Gefahr steht, zwischen den Mahlsteinen internationaler Interessen zerrieben zu werden.

272 Seiten, gebunden, mit 8 Seiten Bildteil
ISBN 3-926901-49-7

Die Korrespondentin der *Washington Post*, Elisabeth Bumiller, hat sich Indien durch einen spezifischen Blickwinkel genähert, die Sicht auf Frauen unterschiedlicher Schichten und Landstriche. So entstand ein dichtes farbiges Bild einer Welt, in der die jungen Mädchen und Mütter durchaus den westlichen Frauen vergleichbare Probleme haben, wenngleich sie vieles unterscheidet. Eine spannende und informative Reportage.